Ernst Brücke

Über eine neue Methode der phonetischen Transscription

Ernst Brücke

Über eine neue Methode der phonetischen Transscription

ISBN/EAN: 9783743403017

Hergestellt in Europa, USA, Kanada, Australien, Japan

Cover: Foto ©ninafisch / pixelio.de

Manufactured and distributed by brebook publishing software
(www.brebook.com)

Ernst Brücke

Über eine neue Methode der phonetischen Transscription

Als ich im Jahre 1856 meine Grundzüge der Physiologie und Systematik der Sprachlaute veröffentlichte, entwarf ich am Schlusse derselben einen Plan für eine neue Methode der phonetischen Transscription, für ein sogenanntes allgemeines Alphabet, ohne jedoch die praktischen Versuche, welche ich bis dahin auf diesem Gebiete und nach dem entworfenen Plane angestellt hatte, vor die Öffentlichkeit zu bringen. Ich war selbst zu sehr von der Unvollkommenheit derselben überzeugt.

Ich habe es seitdem nicht an Anstrengungen fehlen lassen, derselben abzuhelfen, und glaube jetzt so weit gelangt zu sein, dass ich meinen Versuch dem Urtheil der Sachkundigen unterwerfen darf. Ich würde dies vielleicht noch nicht thun, wenn ich nicht die linguistischen Studien einen solchen Verlauf nehmen sähe, dass das Bedürfniss eines befriedigenden Zeichensystems, mit welchem man Laut bei Laut transscribiren kann, immer fühlbarer wird. Das entwickeltste System dieser Art, das von Ellis, hat bei den Linguisten keine Aufnahme gefunden, wahrscheinlich wegen der Regellosigkeit seines Zeichensystems, durch das einerseits das Lernen erschwert wird, andererseits wesentliche Vortheile der Transscription verloren gehen. In neuester Zeit ist nach einem bereits durch viele Jahre gehegten Manuscripte ein Werk erschienen, welches dieselben Zwecke wie ich und nach ähnlichen Grundsätzen verfolgt. Es ist dies der Kadmus von F. H. du Bois-Reymond (Berlin 1862), aber ich habe mich durch ihn nicht von der Veröffentlichung meiner Arbeit abhalten lassen, erstens weil ich, wie dies aus einer Vergleichung meiner Grundzüge mit dem Kadmus ersichtlich sein wird, mit dem ehrwürdigen Verfasser nicht in allen Punkten einverstanden bin, und zweitens, weil ich sicher weiss, dass sich die Linguisten nicht mit dem Zeichensystem, welches ihnen der Kadmus bietet, begnügen werden. Es reicht in der That nicht hin, um Unterschiede zu bezeichnen, die sie nicht aufgeben können, weil sie von den sprechenden Völkern selbst auf's Strengste gewahrt werden.

Man wird vielleicht fragen, warum ich nicht die weiteren Erfolge des im Jahre 1855 von Lepsius aufgestellten Systems abwarte, von dem, wie verlautet, der berühmte Gelehrte eine neue verbesserte Auflage ausarbeitet. Die Antwort darauf ist einfach: Das System von Lepsius dient anderen Zwecken als das meine, und wenn es für diejenigen Zwecke angewendet wird, für welche ich arbeite, so stiftet es mehr Schaden als Nutzen. Das System von Lepsius ist kein solches, mit dem man die Aussprache bezeichnen kann, es ist überhaupt keine phonetische Schreibeweise, sondern nur ein System der Schriftvertauschung.

Es mag dies hier nur an einem Beispiele erörtert werden.

Das Persische ist eine Sprache, welche der phonetischen Transscription im Verhältniss zu mancher anderen nur geringe Schwierigkeiten entgegensetzt, und doch werden wenige Bemerkungen zeigen, welche Entstellungen es erleiden würde, wenn man es nach dem System von Lepsius transscribiren und dann so lesen wollte, dass man jedem Zeichen den Lautwerth gibt, welchen Lepsius ihm zuschreibt [1]). Lepsius gibt zunächst den Zeichen, welche er für ث und ذ substituirt, den Laut von hartem (tonlosen) und weichem (tönenden) *th* der Engländer. Hierdurch führt er Laute ein, die dem persischen Munde so fremd sind, wie dem deutschen oder französischen, und die, wo sie aus ihm hervorgehen, mühsam angelernt wurden in dem Bestreben einem fremden Idiom, dem arabischen,

---

1) Wenn ich es wage, hier etwas über die Orthoepie des Persischen zu sagen, so mag man mir dies desshalb verzeihen, weil auf einem so beschränkten Gebiete die Trefflichkeit des Lehrers wohl den Mangel an Erudition beim Schüler aufwiegen kann. In der That habe ich aus der besten Quelle geschöpft, indem Herr Dr. Polak, der langjährige Leibarzt des Schah von Persien, die aufopfernde Freundlichkeit hatte sich durch eine Reihe von Stunden mit mir zu beschäftigen.

gerecht zu werden, etwa wie wir der englischen Aussprache des *th* in englischen Wörtern nachstreben. Für gewöhnlich werden diese Laute auch in den dem arabischen abgeborgten Wörtern des persischen Sprachschatzes nicht gehört, und desshalb sind auch in der Bezeichnung der Grammatik des Mirza Muhammed Ibrahim, bearbeitet von Fleischer, die Lepsius der seinen gegenüberstellt, ganz consequenter Weise ث und ذ ebenso wie س und ز durch *s* und *z* wieder gegeben.

Ebenso hat Lepsius ط, ص, ض und ظ mit denselben charakteristischen Zeichen wie für das Arabische umschrieben, während der Perser ط von ت, ص von س und ض und ظ von ز so wenig unterscheidet, dass er behufs der Rechtschreibung sich lediglich auf sein Gedächtniss verlassen muss. Demgemäss finden wir auch in der obenerwähnten persischen Grammatik ط ebenso wie ت durch *t*, ص ebenso wie س durch *s* und ض und ظ ebenso wie ز durch *z* ausgedrückt.

Das و hat Lepsius in der Umschrift für das Persische mit demselben Zeichen bezeichnet, wie in der Umschrift für das Arabische. Nun ist aber, wo das و im Arabischen überhaupt ein Consonantengeräusch hat, dies Geräusch das des w^1 meiner Bezeichnung, des *w* labiale, während das Consonantengeräusch des persischen و das des w^2, des *w* labiodentale seu *V* Romanum, ist.

Es kommt überdies vor, dass man im Arabischen gar kein Consonantengeräusch spürt, während dasselbe im Persischen an derselben Stelle sehr kräftig hervortritt. Das Wort اول *primus* hat die persische Sprache der arabischen abgeborgt, aber im Arabischen lautet es *aual*, im Persischen *awwal*. Auch für das *Ain* hat Lepsius nur ein Zeichen, welches ihm wie im Arabischen, so auch im Persischen substituirt werden soll. Wie fremdartig würde aber dem Perser in der gewöhnlichen Rede, in Wörtern die das Bürgerrecht in seiner Muttersprache erlangt haben, und von denen er oft nicht weiss, dass sie aus dem Arabischen stammen, ein Laut klingen, den hervorzubringen er selbst beim Koranlesen nach Wallin's Zeugniss meist vergeblich bemüht ist?

Kaum besser als mit den Consonanten würde man mit den Vocalen daran sein; wenigstens würde das lange Elif, das Lepsius im Persischen mit demselben Zeichen umschreibt, wie im Arabischen, mit *ā*, in der Mehrzahl der Fälle durchaus unrichtig ausgesprochen werden. Seine Aussprache schwankt im Persischen zwischen dem tiefen *a*, im deutschen *Wahl*, und dem *o* im englischen *lord*, während es im Arabischen mit nicht emphatischen Consonanten den Laut eines hellen langen *a* hat. In dem persischen Worte خدا z. B. hat es den Laut des *o* in *lord*; würde man dasselbe nach den Regeln der arabischen Orthoepie aussprechen, so würde es am Ende einen *a*-Laut erhalten, den der Perser wohl einem Fatha mit nachfolgendem ع (z. B. in سَعْدى sprich sādi) geben würde, aber nur in wenigen Ausnahmsfällen, wie z. B. in امّا (sed), dem langen Elif.

Die Übelstände, die ich hier so eben erwähnt habe, sind nun aber nicht etwa Folge der einzelnen Missgriffe, welche Lepsius bei Aufstellung seines Lautsystems gemacht hat, sie beruhen vielmehr in dem Principe, Zeichen bei Zeichen zu transscribiren, was ein für alle Mal unbrauchbar ist für die phonetische Transscription, selbst dann schon, wenn man für jede Sprache ein eigenes Substitutionsschema und dies soviel als möglich nach phonetischen Grundsätzten entwirft, um so viel mehr aber, wenn man es so wie Lepsius in der Weise anwendet, dass man ein und dasselbe Zeichen für ein und denselben Buchstaben in verschiedenen Sprachen festhält, trotz des durchaus verschiedenen Lautwerthes, der dem letzteren in denselben zukommt.

Ich verkenne nicht, dass ein solches System nützlich, ja das beste sei, um einen Text zu transscribiren, wo es nur gilt die fremdländische Schrift durch eine conventionelle, die sich der lateinischen Lettern als Basis bedient, zu ersetzen. Es wird nicht nur der Sinn auf's Genaueste gewahrt, sondern es wird auch stets leicht sein, nach der Transscription die ursprüngliche Schrift wieder herzustellen; aber die Orthoepie würde, wenn sie sich einer solchen Transscription anvertrauen wollte, auf eine oft wirklich seltsame Weise in die Irre geführt werden.

Die Transscription, die mir vorschwebt, hat mit der eben besprochenen nichts gemein, weder im Princip noch in den Zwecken. Sie soll nicht die fremdländische Schrift ersetzen, sondern sie soll neben sie gestellt werden, um sie zu erläutern und da, wo es noch keine Schrift gibt, soll sie zunächst dazu dienen, die Sprache abzubilden, damit sie auch in der Ferne und ohne Übertragung durch den lebendigen Mund erlernt und wissenschaftlich untersucht werden könne. Ob man dann aus meinen Schriftzeichen oder aus den Lateinischen ein Alphabet bilden wird, um diese Sprache für die Eingeborenen des Landes zu schreiben, das ist eine secundäre Frage, welche in jedem einzelnen Falle nach speciellen Rücksichten der Nützlichkeit und der Bequemlichkeit entschieden werden wird.

Da meine Schrift eben dazu dienen soll, eine Sprache, wenn ich mich so ausdrücken darf, transportabel zu machen, d. h. Jemanden, der nie etwas von jener Sprache gehört hat, in Stand zu setzen, dieselbe mit richtiger Aussprache zu lesen, wie ein Virtuose die Musik nach den Noten spielt, die ihm vorgelegt werden, so kann ich begreiflicher Weise nur für solche Laute Zeichen aufstellen, welche vollständig physiologisch analysirt sind, d. h. bei denen die Stellung aller Theile der Sprachorgane genau bekannt ist, oder für deren Hervorbringung sich doch solche Vorschriften geben lassen, dass sie, wenn man nach denselben handelt, nicht wohl verfehlt werden können.

Ich muss desshalb im Vorhinein die Ausdehnung begrenzen, innerhalb welcher ich die Aufgabe, die ich mir gestellt, erfüllen kann.

Das System der Vocale der exspiratorischen Sprache ist ein in sich geschlossenes, man kann demselben keine neuen Reihen hinzufügen, sondern nur mehr oder weniger Nuancen unterscheiden. Ich glaube in dieser Beziehung für den Zweck, dem ich nachstrebe, hinreichend weit gegangen zu sein, so dass mein Vocalsystem wohl kaum noch einen beträchtlichen Zuwachs erleiden wird.

Die nächste Aufgabe ist, wie mir scheint, nicht die Menge der Vocalzeichen zu vermehren, sondern die vorhandenen schärfer und schärfer zu definiren. Meine Consonantenzeichen geben genau die Thätigkeit oder vielmehr zunächst die Stellung der Organe für die Hervorbringung der verschiedenen Consonantengeräusche an; meine Vocalzeichen sind aber nur Zeichen für bestimmte Klangfarben, die man sich nach Beispielen aus einzelnen Sprachen merken muss. Indessen sind durch Willis, Donders und Helmholtz diese Klangfarben mehr oder weniger vollständig analysirt worden. Der Leser wird aus Helmholtz' soeben erschienenem Werke: „Die Lehre von den Tonempfindungen als physiologische Grundlage der Theorie der Musik", am besten ersehen, was auf diesem Gebiete bereits geschehen ist. Er wird finden, dass eine Zeit bevorsteht, in der man für streng wissenschaftliche Zwecke einem Vocalzeichen als Erklärung nicht mehr ein Beispiel aus irgend einer bekannten Sprache beigeben wird, sondern vielmehr Symbole für die Höhe und Intensität der charakteristisch verstärkten Obertöne.

Alle inspiratorisch gebildeten Vocale entsprechen exspiratorischen, so dass sie sich von diesen dadurch unterscheiden, dass bei derselben Mundstellung die Luft das eine Mal durch den Mundcanal in die Stimmritze, das andere Mal durch die Stimmritze in den Mundcanal fliesst.

Man kann sich also nur über ein Zeichen einigen, welches anzeigt, dass statt der gewöhnlichen Exspiration die Inspiration einzutreten habe, und man ist sofort in der Lage auch alle inspiratorischen Vocale, wo sie vorkommen sollten, zu bezeichnen. Dieses Hilfszeichen würde sich in analoger Weise, wo es nothwendig werden sollte, auch auf die Consonanten anwenden lassen.

Von Consonanten habe ich zunächst die exspiratorisch und symmetrisch gebildeten berücksichtigt, und ich glaube in ihnen einen ziemlich hohen Grad von Vollständigkeit erreicht zu haben. Ich habe auch den Weg angegeben, auf dem die asymmetrisch gebildeten kenntlich gemacht werden können, ohne für sie durchaus neue Zeichen zu erfinden, und diejenigen einzeln besprochen, welche uns durch Fresnel's deutliche Beschreibung (Journal Asiatique ser. III, t. VI, pag. 529) bekannt sind.

Für die Schnalzlaute dagegen habe ich die Zeichen vorläufig noch nicht festgesetzt. Es würde natürlich leicht gewesen sein, dies zu thun, hätte ich mich begnügen wollen, dabei in derselben willkürlichen und regellosen Weise wie meine Vorgänger zu verfahren. Es ist leicht Zeichen zu erfinden und von dem einen zu sagen: es bedeutet dies, und von dem anderen zu sagen: es bedeutet jenes, wenn man keine andere Forderung an seine Zeichen stellt, als dass eines vom anderen verschieden sei. Anders aber verhält es sich, wenn man, wie ich dies thun musste, sich die Aufgabe stellt, die Zeichen der Schnalzlaute unter sich und mit den übrigen Zeichen des Alphabets in intellectuellen Zusammenhang zu bringen. Hiezu hätte ich einer vollständigen Einsicht in die Mechanik aller bekannten Schnalzlaute bedurft, und diese ist mir vor der Hand versagt, weil sie sich aus der Beschreibung derer, welche die fraglichen

Laute selbst zu hören Gelegenheit hatten, keineswegės immer mit Sicherheit ergibt. So finde ich in Wallmann's Formenlehre der Namaqua-Sprache zwar den als dental und den als lateral bezeichneten Schnalzlaut ganz unverkennbar geschildert, nicht aber den als palatal und den als cerebral bezeichneten. Über diese sind mir wesentliche Zweifel zurückgeblieben. Indessen sei es mir erlaubt anzudeuten, in welcher Weise später, wenn das Material vollständig beisammen sein wird, diese Lücke voraussichtlich ausgefüllt werden kann.

Die Schnalzlaute sind an sich durch ihre ganze Mechanik von den übrigen Sprachlauten vollkommen verschieden. In ihnen ist es nicht der exspiratorische Luftstrom, durch dessen Modification der Laut erzeugt wird, es ist auch nicht der inspiratorische. Nachdem ein Mundhöhlenverschluss gebildet ist, wird durch eine Zungenbewegung ein luftverdünnter Raum erzeugt und alsobald der Verschluss an irgend einer Stelle unterbrochen, so dass die Luft durch die so entstehende enge Öffnung plötzlich in den luftverdünnten Raum hineinstürzt. Es muss also zuerst ein Zeichen da sein, für diese ganz veränderte Mechanik, ein Zeichen, das nichts gemein hat mit dem für den Verschlusslaut, das Reibungsgeräusch, den Zitterlaut, den L-Laut oder den Resonanten, sondern von allen diesen verschieden ist, ein Zeichen, das eben ganz allgemein angibt, dass geschnalzt wird.

Dies Zeichen aber würde näher bestimmt werden durch ein anderes ihm voranzustellendes, welches angibt, von welcher Verschlussstellung aus geschnalzt wird.

An diesem Zeichen müsste ferner ersichtlich sein, ob die Enge, durch welche die Luft eintritt, in der Mittellinie oder an der Seite entsteht. Der erste dieser beiden Fälle würde nicht besonders zu bezeichnen sein, der zweite aber durch das später zu besprechende Zeichen für die laterale Bildung angezeigt werden. So würde z. B. der von Wallmann Dental genannte Schnalzlaut einfach bestehen aus dem Zeichen für die dentale Articulation, verbunden mit dem Zeichen des Schnalzens, der von ihm Lateral genannte würde zu bezeichnen sein, mit dem Zeichen der alveolaren Articulation modificirt durch das Zeichen für die laterale Bildung und verbunden mit dem Zeichen für das Schnalzen. Sollten sich alle wirklich vorkommenden Schnalzlaute wie die beiden erwähnten unter den von mir für die expiratorischen Sprachlaute aufgestellten Articulationen einreihen lassen, so würde zu ihrer Bezeichnung nur ein neues Zeichen nöthig sein, das des Schnalzens; sollten sich aber einige derselben dieser Einreihung entziehen, so müsste durch neue Articulationszeichen oder durch Modification der vorhandenen für sie gesorgt werden.

Noch eine Art von Lauten muss hier erwähnt werden: sie stellen eine besondere Modification der Verschlusslaute dar. Bei der Bildung eines Verschlusslautes sind zunächst drei Fälle zu unterscheiden: 1. die Stimmritze ist weit offen, dann entsteht eine Tenuis; 2. sie ist zum Tönen verengt, dann entsteht eine Media; 3. der Kehlkopf ist ganz verschlossen. — Wird in diesem letzteren Falle der Verschluss des Kehlkopfes gleichzeitig mit dem in der Mundhöhle gebildet und vollständig durchbrochen, so entsteht auch eine Tenuis aber mit schärferem Vocaleinsatze (respective Begrenzung).

Solche Laute sind das ط und das ق der Araber; ferner die vor einem Vocale anlautenden Tenues der Ungarn und wohl grösstentheils auch der slavischen und romanischen Völker. Ich schreibe sie in meinem Alphabete mit dem Zeichen der entsprechenden Verschlusslaute, denen das Zeichen für den Kehlkopfverschluss angefügt wird. Man kann aber auch den Verschluss in der Mundhöhle bei noch verschlossenem Kehlkopfe durchbrechen und damit ein leichtes Explosivgeräusch hervorbringen, indem entweder die eingefangene Luft der Mundhöhle an sich die dazu hinreichende Spannung hat, oder indem man ihr dieselbe durch einen leichten Druck mittelst der Zunge oder den Backen gibt. Dies Explosivgeräusch, dem dann erst die hervorbrechende Stimme, wenn gleich so schnell, dass der Zeitunterschied kaum merklich ist, nachfolgt, steht zwischen der geflüsterten Media und der Tenuis, gleicht aber keiner von beiden vollkommen.

So entstehen Laute, die die Obersachsen in vielen Fällen den Buchstaben *b*, *d* und *g* geben, und mit denen die Schwierigkeit innig zusammenhängt, welche sie darin finden, Tenues und Mediae von einander zu unterscheiden [1]).

---

[1]) Merkel (Anthropophonik, Leipzig 1857) hat zuerst den Kehlkopfverschluss als wesentlichen Bestandtheil der Mechanik dieser Laute richtig erkannt und beschrieben; er gibt aber irrthümlich an, dass mit dem Kehlkopf- und Mundhöhlenverschlusse auch die Gaumenklappe geöffnet werde. (Schmidt's Jahrb. d. ges.

Ich habe für sie keine besondere Zeichen erfunden, weil von mir für andere Laute aufgestellte Symbole so combinirt werden können, dass sie auch diese Art der Lauterzeugung unzweideutig anzeigen. Wir haben so eben gesehen, dass ich Zeichen besitze für den Mundhöhlenverschluss, der mit dem Kehlkopfverschluss verbunden ist; andererseits besitze ich ein Zeichen für den Kehlkopfverschluss bei vocalisch offenem Mundcanal, lasse ich beide auf einander folgen, indem ich dem letzteren, um seine äusserst kurze Dauer anzuzeigen, das später zu beschreibende Reductionszeichen beigebe: so ist die betreffende Action ausgedrückt nach dem Grundsatze unserer Schreibweise, welcher lautet, es sind nach einander die Stellungen zu bezeichnen, welche die beim Sprechen mitwirkenden Theile im Laufe der Rede annehmen, und der Leser hat stets aus einer angezeigten Stellung in die nächstfolgende auf dem kürzesten Wege überzugehen. Es liegt auch nichts Fremdartiges darin, dass das Kehlkopfverschlusszeichen des zweiten Buchstaben die Fortdauer des bereits in dem ersten Buchstaben angezeigten Kehlkopfverschlusses bedeutet, vielmehr ist dies etwas durchaus regelmässiges, auch anderweitig in der Natur unserer Schrift begründetes; denn wenn ich z. B. *wenden* schreibe, so ist durch das *d* nichts Neues gegeben, als dass die Gaumenklappe geschlossen wird; der Verschluss in der Mundhöhle und der Zustand des Kehlkopfes bleiben, wie sie waren. Es kann eingewendet werden, dass durch jene Zeichen freilich die Veränderung in der Stellung der Mundtheile angezeigt, aber nicht das Explosivgeräusch und die Art seiner Entstehung bezeichnet sei, da hier eben das continuirliche lauterzeugende Moment, das sonst immer stillschweigend vorausgesetzt wird,

---

Medicin, Jahrg. 1858, S. 90. Ausser dieser scheint mir in Merkel's Beschreibung noch eine andere kleinere Ungenauigkeit enthalten zu sein. Er sagt nämlich, wenn die Media (oder, wie er den Laut später, 1858, nennt, Tenuis) vor einem Vocal laute, so werde der Kehlkopfverschluss mit dem Mundhöhlenverschlusse gleichzeitig durchbrochen. Wenn dies richtig wäre, so würden diese Laute, abgesehen von der gewiss unrichtigen Angabe, dass sich bei ihnen die Gaumenklappe öffne, in ihrer Mechanik ganz mit den vor den Vocal anlautenden Tenues der Ungarn übereinstimmen, die für mich davon auffällig verschieden sind. Die letzteren haben etwas stossendes, was sie akustisch kräftig macht, während umgekehrt in den in Rede stehenden Lauten der Obersachsen das Durchbrechen des Mundhöhlenverschlusses (wie ich meine, wegen des noch bestehenden Kehlkopfverschlusses) einen verhältnissmässig geringen akustischen Effect hervorbringt

der exspiratorische Luftstrom, durch den noch andauernden Kehlkopfverschluss unwirksam gemacht ist; aber eine kurze Betrachtung wird auch hierüber hinweg helfen. Ein Mundhöhlenverschluss, der ganz ohne akustische Consequenzen ist, wird schwerlich Bestandtheil einer Sprache sein, und als solcher geschrieben werden. Der Leser kann auch beim Inlaute nicht glauben, dass das Zeichen des Kehlkopfverschlusses hier der Sylbentrennung halber gesetzt sei, denn ein sylbentrennendes Hamze würde sicher seinen vollen Werth haben, und ihm würde somit nicht das Zeichen der Reduction beigegeben worden sein. Eben so wenig kann der Leser auf die Idee kommen, dass die Luft durch Eindringen von Aussen ein Consonantengeräusch hervorbringen soll, denn dann würde der Laut als Schnalzlaut charakterisirt sein. Der Consonant muss also hervorgebracht werden mit ausströmender Luft, und da der Kehlkopf verschlossen ist, so bleibt dem Leser nichts anderes übrig, als aus unseren combinirten Symbolen eben die Art der Lauterzeugung herauszulesen, welche wir damit bezeichnen wollten.

Diese Art der dialektischen Aussprache der Medien ist nicht zu verwechseln mit einer anderen, welche in Mittel- und Süddeutschland ein so grosses Verbreitungsgebiet hat, dass einige sie auch für die Kanzel und die Rednerbühne als berechtigt anerkennen und sogar in ihr die wahre und charakteristische Aussprache der Medien sehen. Sie besteht darin, die Medien im Anlaute auch beim lauten Sprechen zu flüstern [1]).

Bekanntlich machen wir beim Flüstern die Mediae leicht und sicher dadurch kenntlich, dass wir bei ihnen unsere Stimmritze so wie bei den Vocalen und den übrigen tönenden Consonanten verengern, während die Tenues mit weit offener Stimmritze explodiren. Eine solche geflüsterte Media lässt sich also auch in der lauten Sprache nicht mit einer Tenuis verwechseln, unterscheidet sich aber von der unserer Ansicht nach normalen Media durch den Mangel tönender Schwingungen. Dieses verzögerte Einsetzen der lauten Stimme dehnt sich bei vielen auch auf die übrigen tönenden Consonanten, ja bei manchen auch auf die Vocale aus, aber bei keiner Art von Lauten ist es so häufig wie bei den Medien. Es wird mir leicht sein, diese Aussprache, wo sie vorkommt, zu bezeichnen, da

---

[1]) Berichte der mathem. naturw. Cl., Bd. XXVIII, pag. 67.

ich ein eigenes Zeichen für die verengte aber nicht tönende Stimmritze besitze, das sich gleichmässig mit Vocal- und Consonanten-Symbolen verbinden lässt.

Rücksichtlich des äusseren Mechanismus meines Alphabetes bin ich in etwas von meinem ursprünglichen Plane abgewichen. Ich hatte damals die Absicht, die einzelnen Stücke, aus denen meine Consonantenzeichen bestehen sollten, in senkrechter Richtung zu verbinden und hatte auch bereits in dieser Weise ein Alphabet entworfen, dessen ich mich für meine eigenen Zwecke bediente, als ich anfing, mich mit dem Studium der arabischen Sprachlaute zu beschäftigen. Ich habe aber dasselbe später wieder aufgegeben und dieses ganze Princip auf Kosten der Einfachheit der Schriftzeichen verlassen. Der Grund war kein anderer, als der, dass ich eine grössere Leichtigkeit und Sicherheit im Satze erzielen wollte, als mit jenem Principe vereinbar war. Der Satz meiner jetzigen Schrift ist so einfach und so sicher, wie der unserer gewöhnlichen deutschen und lateinischen Drucke, indem alle Stücke nur in horizontaler Richtung an einander gefügt werden und jedes Zeichen über oder unter der Zeile vermieden ist.

Da ich, indem ich meine Transscriptionsmethode entwarf, zunächst die Bedürfnisse der Linguisten vor Augen hatte, so musste es mir wesentlich darauf ankommen, dass sich der Satz des neuen Alphabetes bequem in den lateinischen oder deutschen Satz einfügen lasse, was auch jetzt vollkommen erreicht ist.

Ich habe ferner keine eigene Zeichen für die Resonanten eingeführt, sondern dieselben aus den Zeichen für die tönenden Verschlusslaute und dem Zeichen für die offene Gaumenklappe, wie ich solches auch bei den nasalirten Vocalen anwende, combinirt. Ich bin hierin F. H. du Bois-Reymond gefolgt, weil ich eingesehen habe, dass es besser ist, zu einem diakritischen Zeichen seine Zuflucht zu nehmen, als ein und dieselbe Sache bei Consonanten anders als bei Vocalen zu bezeichnen.

Die Zusammensetzung der Buchstaben aus mehreren Stücken habe ich in meinen Grundzügen (S. 123 ff.) bereits gerechtfertigt. Einerseits wird es durch diese allein möglich, mittelst einer verhältnissmässig geringen Anzahl von Typen eine sehr grosse Anzahl von verschiedenen Vocalen und Consonanten zu bezeichnen, andererseits ist gerade durch sie die Erhaltung der Buchstaben in ihrem ursprünglichen typischen Charakter gewährleistet, denn wenn man später auch um den Satz weniger zeitraubend zu machen, die häufigeren Combinationen zusammengiessen wird, so wird man doch immer jedem einzelnen Stücke und seiner ursprünglichen Gestalt gerecht werden müssen. Dies ist es, worauf ich den höchsten Werth lege, weil eben mein Alphabet durch sie den wahren Charakter der Laute offen zu Tage legt und die Gesetze der Lautveränderung so einfach und unmittelbar aus den gesammelten Beispielen hervortreten lässt, wie das Facit aus den Zahlen eines Rechenexempels hervorgeht. Gleich dem ersten Bearbeiter einer Sprache wird bei dem Bestreben, die gehörten Wörter zu transscribiren, die Lautlehre eben dieser Sprache in so elementarer Weise aufgedrängt werden, dass er sich ihren Wahrheiten nicht entziehen kann und er wird direct und ohne sein weiteres Zuthun auf Beobachtungen geführt werden, die sonst erst das Resultat mühsamen Vergleichens und Nachdenkens gewesen wären. Wenn hieraus hervorgeht, welchen Nutzen ich mir von meiner Transscriptionsmethode für die Sprachwissenschaft verspreche, so hoffe ich andererseits, dass sie auch in Rücksicht auf die Verbreitung der Kenntnisse in weiteren Kreisen Früchte tragen werde. Wenn sich die Männer der Wissenschaft einmal mit ihr befreundet haben, so kann es nicht fehlen, dass auch die Wörterbücher für den gewöhnlichen praktischen Gebrauch, die sich bisher anderer, und zwar sämmtlich höchst unvollkommener Transscriptionsmethoden bedient haben, dieselbe aufnehmen und dadurch ihre Brauchbarkeit um ein sehr Bedeutendes erhöhen werden. Ich hege auch die Hoffnung, dass meine Transscriptionsmethode in Sammlungen von Fremdwörtern und in historische, ethnographische und geographische Lexika übergehen, und dadurch nach und nach die im eigentlichen Sinne des Wortes barbarische Art verschwinden wird, in der in unseren Schulen beim Geographie- und Geschichtsunterricht nicht nur die aussereuropäischen, sondern auch grossentheils die europäischen Namen mit Ausnahme der französischen und italienischen behandelt werden.

Ja ich möchte noch weiter gehen und glauben, dass, wenn es dieser Transscriptionsmethode gelingt, sich Anhänger zu verschaffen, durch sie der phonetische Unterricht einen Weg in die Schulen selbst finden wird. Es würde dies nicht nur, wenn ich mich so ausdrücken darf, eine Turnübung für die Sprachorgane sein, um ihnen im Vorhinein diejenige Gewandtheit zu geben, welcher sie zur Erlernung verschiedener lebender Sprachen in so hohem Grade bedürfen, sondern es würde auch die Aufmerksamkeit der Schüler auf die Sprachlaute überhaupt und die Art, wie sie hervorgebracht werden, lenken, und dadurch auf die Reinheit und Deutlichkeit des Vortrages in der Muttersprache zurückwirken. Es würde endlich eine ernsthafte Beschäftigung der Schulmänner mit der Lautlehre dazu dienen, diesem Capitel in den gebräuchlichen Sprachlehren eine angemessenere Gestalt zu geben, und die Lehre von den Dingen, wie sie wirklich sind, an die Stelle der Gebäude treten zu lassen, die man nach dem missverstandenen System altgriechischer Philosophen und Grammatiker aufgebaut hat.

Die Vocalzeichen.

Zur Bezeichnung der Vocale dienen mir zunächst neun Typen, welche theils einzeln, theils zu zweien vereinigt angewendet werden. Denke ich mir den Raum der Buchstabenzeile in drei über einander liegende Abtheilungen gebracht, von denen die mittlere dem *m* der lateinischen Schrift entspricht, die obere dem übergreifenden Theile des *l*, die untere dem herabragenden Theile des *p*, und bezeichne ich diese drei Abtheilungen als oberen, mittleren und unteren Raum, so sind alle Vocalzeichen auf den mittleren Raum, beschränkt. Ihre Elemente sind:

1. Die Fahne. Als solche bezeichne ich einen horizontalen Strich an der obern Grenze des mittleren Raumes ˉ
2. der nach rechts geneigte Strich /
3. derselbe mit der Fahne 7
4. derselbe mit dem Querstrich ł
5. derselbe mit Fahne und Querstrich 7
6. der nach links geneigte Strich \
7. derselbe mit der Fahne \
8. derselbe mit dem Querstrich \
9. derselbe mit der Fahne und dem Querstrich \

Diese Elemente bilden die Vocalzeichen in der auf der nächsten Seite dargestellten Weise. Zur Erläuterung habe ich daneben eine Vocalpyramide mit der in meinen Grundzügen angewendeten Bezeichnung hingestellt. Der nach links geneigte Strich, der in der Vocalpyramide nie für sich allein, aber als Bestandtheil aller Vocalzeichen vorkommt, bildet das Symbol für den sogenannten unbestimmten Vocal, wenn er ohne alles weitere Abzeichen gesetzt wird.

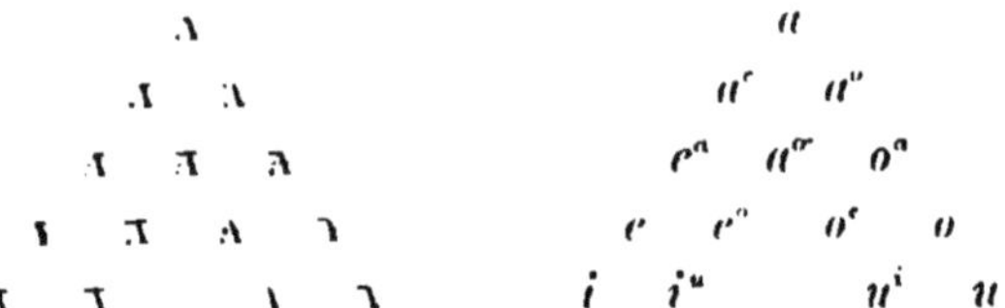

Als Zeichen der offenen Gaumenklappe wähle ich einen Punkt im oberen Raume; das Zeichen für jeden reinen Vocal wird also durch diesen in das Zeichen für den entsprechenden nasalirten verwandelt.

Anbei sieht man das Schema der nasalirten Vocale.

Als Zeichen für die unvollkommene Bildung [1]) wähle ich gleichfalls einen Punkt, der aber im mittleren Raume unten neben dem nach links geneigten Striche steht.

Das Schema der unvollkommen gebildeten Vocale ist somit folgendes:

An dies schliesst sich das Schema, in dem die Vocale unvollkommen gebildet und zugleich nasalirt sind:

¹) Vergl. Grundzüge. S. 23.

Die Consonantenzeichen.

Die Zeichen für die tönenden Consonanten werden aus zwei Stücken zusammengesetzt, von denen das eine die Articulation bezeichnet, das andere die physikalische Beschaffenheit des Consonanten, d. h. das letztere lehrt, ob der Consonant ein Verschlusslaut ein Reibungsgeräusch, ein L-Laut, ein Zitterlaut oder ein Resonant sei. Für die tonlosen Consonanten existiren keine besondere Zeichen, indem die der tönenden mit den weiter unten zu beschreibenden Zeichen der Stimmlosigkeit, d. h. der weit offenen Stimmritze oder der verengten nicht tönenden, eventuell bei den Verschlusslauten des verschlossenen Kehlkopfes, versehen, die nöthigen Symbole liefern.

Articulationszeichen gibt es, entsprechend den neun Articulationen, zwei für das erste, vier für das zweite und drei für das dritte Gebiet.

Dem ersten gehören an der nach rechts offene Haken im oberen Raume ᶜ als Zeichen für die labiale und der nach links offene Haken ᵓ im oberen Raume für die labiodentale Articulation.

Dem zweiten Articulationsgebiete gehören an:

1. Das Dach auf der Grenze zwischen dem oberen und mittleren Raume ˆ für die alveolare Articulation.

2. Der nach rechts offene Haken im mittleren Raume (für die cerebrale Articulation.

3. Der rechts gewendete S-förmige Haken im mittleren Raume s für die dorsale Articulation.

4. Der Grundstrich im mittleren Raume ı für die dentale Articulation[1]).

Dem dritten Articulationsgebiete gehören an:

1. Der einfache Hinaufzug durch die beiden unteren Räume 𝗃 für die Articulation des Zungenrückens mit dem mittleren Theile des harten Gaumens. Die Articulation des *k*, *g* und *ch*, wenn sie im Deutschen mit *e* und *i* verbunden sind: sogenanntes vorderes *k*, *g* und *ch*.

2. Der Grundstrich durch den mittleren und unteren Zwischenraum | für die Articulation zwischen dem Zungenrücken und dem hinteren Theile des harten Gaumens. die Articulation für das *g*, *k*

---

[1]) Über die Stellung der Mundtheile bei diesen Articulationen vergl. meine Grundzüge S. 36 ff. nebst der beigegebenen Tafel.

und *ch*, wenn sie im Deutschen mit *a*, *o* und *u* verbunden sind, wie in *rock*, *auch* etc.

3. Der Aufzug mit dem Dach ţ für die Articulation des Zungenrückens mit dem weichen Gaumen, die Articulation des ق der Araber und der Perser [1]).

Der zweite Theil des Consonantenzeichens erscheint in fünf Gestalten. Sie sind:

1. Der nach rechts offene Haken auf dem mittleren Raume ι für den Verschlusslaut [2]);

2. der nach links gewendete doppelt gekrümmte Haken ι auf dem mittleren Raume für das Reibungsgeräusch;

3. der in den unteren Raum hinabragende Grundstrich ļ für den *L*-Laut;

4. der nach links offene Haken auf dem mittleren Raume ɔ für den Zitterlaut;

5. der nach rechts offene Haken mit dem Punct darüber ὶ für den Resonanten.

Diese Gestalten geben, mit den vorgenannten combinirt, die Zeichen für die tönenden Consonanten in der Art, wie es hier beispielsweise an einigen allgemein bekannten Lauten dargestellt ist.

ʿι *b*
ʾι *v* Romanum,
ʿὶ *m*
ʾι *z* der Franzosen,
ιι *ð* „ Neugriechen.
ʾ| *l* „ Deutschen,
ʾɔ *r* „ „
ʾὶ *n* „ „
ʈι *j* consona,
ʈɔ *r* uvulare.

---

[1]) Die hier erscheinende Abweichung von meinen Grundzügen, in denen noch eine Articulation hinter der des ق erscheint, ist eine Folge meiner Studien über die arabischen Sprachlaute. Ich habe mich überzeugt, dass beim wirklichen Sprechen unser Unterscheidungsvermögen, wenigstens meines, nur für die drei hier aufgezählten Stufen ausreicht, und unter diesen musste das ق auf die dritte gestellt werden.

[2]) Ich bitte den Leser keinen Anstoss daran zu nehmen, dass dies Zeichen dieselbe Gestalt hat, wie das für die alveolare Articulation. Es unterscheidet sich von ih durch die Stelle, so dass durch die Übereinstimmung in der Form nie eine Zweideutigkeit entstehen kann.

Die Zeichen für den Zustand des Kehlkopfes.

1. Das Tönen der Stimmbänder als solches wird durch kein besonderes Zeichen angegeben.

2. Sind die Stimmbänder weit von einander entfernt, so dass die Luft frei und tonlos herausströmt, so wird dies angezeigt durch den einfachen Hinaufzug durch die beiden oberen Zwischenräume. Dieses Zeichen gibt zunächst mit dem des unbestimmten Vocals verbunden, das Zeichen ᕲ für das *h* der Deutschen und das ه der Araber. Mit dem Zeichen für die tönenden Consonanten verbunden, gibt es entsprechende tonlose, so mit dem Zeichen für *b* ᕲ das Zeichen für *p* ᕲ, mit dem Zeichen für δ der Neugriechen n das Zeichen für ϑ der Neugriechen n etc.

3. Das umgekehrte Dach unter der Linie, welche den mittleren von dem unteren Zwischenraume trennt mit dem Hinaufzuge durch die beiden oberen Räume ↓, zeigt einen Zustand des Kehlkopfes an, bei dem der Ausgang desselben mässig verengt ist, während die Stimmfortsätze der Giessbeckenknorpel ecksteinartig in die geöffnete Stimmritze hineinragen. Dieser Zustand gibt bei vocalisch-offenem Mundcanal den rauhen und heiseren Hauch des ح der Araber. Das Zeichen desselben ist demnach ᕲ, die Verbindung des Zeichens für den unbestimmten Vocal mit dem eben erwähnten.

4. Durch den umgekehrten S-förmigen Haken ˒ bezeichne ich die verengte nicht tönende Stimmritze. Durch sie entsteht bei vocalisch offenem Mundcanal die Flüsterstimme, durch sie werden aber auch beim Flüstern die in der lauten Sprache tönenden Consonanten von den entsprechenden tonlosen unterschieden: so *v* Romanum vom *f*, *d* vom *t*, weiches *s* vom harten *s* etc. Durch sie endlich unterscheiden diejenigen Deutschen, welche das *b*, *d*, *g*, das sogenannte weiche *s* etc. auch in der lauten Sprache nicht mit dem Tone der Stimme begleiten, diese Consonanten von den entsprechenden *p*, *t*, *k*, scharfes *s* etc. (vergl. oben Seite 12 und 13). ᕲ also ist ein geflüstertes *a*, ᕲ ist ein geflüstertes *u*, ᕲ ein geflüstertes *d*.

5. Mit dem nach rechts offenen Haken im unteren Raume ˓ bezeichne ich den Verschluss des Kehlkopfes durch den Kehldeckel und die Giessbeckenknorpel. Dieses Zeichen dient nicht nur in

Verbindung mit dem unbestimmten Vocal ɩ꜀ wie das Hamze der Araber, sondern kommt auch in Verbindung mit Consonanten zur Anwendung in den Fällen, die bereits in der Einleitung erwähnt wurden, z. B. im Zeichen für das ط ʅ꜀ und für das ق ʃϛ der Araber [1]).

6. Mit dem nach links offenen Haken im unteren Zwischenraume ͵ bezeichne ich den Zitterlaut des Kehlkopfes, indem ich ihn mit dem Zeichen desjenigen Vocals verbinde, dem die jeweilige Mundstellung entspricht, und dessen Resonanz er also annimmt: so mit dem unbestimmten Vocal, als ɩ͵ mit dem *O* als ʅ͵ etc.

7. Mit dem umgekehrten Dache unter der Trennungslinie zwischen mittlerem und unterem Raume ˬ bezeichne ich das ع der Araber, indem ich es jedesmal mit dem Zeichen des Vocals verbinde, dem die gleichzeitige Mundstellung entspricht, und dessen Resonanz es somit annimmt; so würde ich das ع in مَعْلُوم mit ʌɩ꜀, dagegen das ع in مُعْتِب mit ʌɩ꜀ schreiben [2]).

8. Mit dem langen umgekehrten Grundstrich im mittleren und oberen Zwischenraume ˡ bezeichne ich den verhärteten Klang der Stimme. Ich muss mit wenig Worten angeben, was ich darunter verstehe. Jedermann wird bei einiger Übung im Stande sein, dem gewöhnlichen Tone der Stimme, wie er beim Sprechen gehört wird, auch ohne stärkeren Exspirationsdruck auf Kosten seiner Weichheit

[1]) Vergl. meine Beiträge zur Lautlehre der arabischen Sprache S. 23 dieser Sitzungsberichte Bd. XXXIV, S. 327. Meinem Grundsatze bei der Transscription den Laut und nicht das Zeichen zu berücksichtigen gemäss, würde ich natürlich ق nur durchgängig mit diesem Zeichen transscribiren, wenn es sich um die sogenannte gelehrte Aussprache handelt, sonst würde ich mich dem jeweiligen Dialekte anschliessen und innerhalb dieses die jeweilige Verbindung berücksichtigen, mit der ich es zu thun hätte. Häufig würde ق durch ʃ(zu transscribiren sein, im Dialekt der gemeinen städtischen Bevölkerung Ägyptens selbst durch ɩ꜀. Im Munde des Persers, der das ق mit غ verwechselt, nimmt es oft den Lautwerth von ʃɩ an, wenn auch die Aussprache ʃ(, in manchen Fällen auch ʃϛ, wohl von der grossen Mehrzahl der Gebildeten als die richtigere angesehen wird.

[2]) Vergl. meine Beiträge zur Lautlehre der arabischen Sprache S. 30. Diese Berichte Bd. XXXIV, S. 334.

mehr Metall und Tragweite zu geben und so der Stimme jener Individuen ähnlich zu machen, welche durch ihr schmetterndes, selbst beim ruhigen Sprechen und gewöhnlichem Exspirationsdruck metallhartes Organ die Verzweiflung aller nervenschwachen Personen sind. Es scheint, dass man diese Verhärtung des Tones durch ein stärkeres Aneinanderpressen der Giessbeckenknorpel hervorbringt, oder dass dieses doch wesentlich dazu mitwirkt. Es war nöthig für sie ein eigenes Zeichen aufzustellen, weil namentlich das ط der Araber vielfältig den mit ihm verbundenen Vocalen diesen eigenthümlich harten Klang mittheilt; auch begegnet man ihm hie und da in der niederösterreichischen Mundart. Die akustische Analyse, in der Art wie sie Helmholtz auf die Klangfarben angewendet hat, wird uns in der Folge unzweifelhaft mehrere Arten des verhärteten Klanges unterscheiden lassen. Sie sind bei einiger Aufmerksamkeit schon mit dem unbewaffneten Ohre wahrnehmbar; ich habe aber keine verschiedenen Zeichen für sie aufstellen wollen, so lange es mir an reellen Hilfsmitteln zu ihrer Definition fehlt.

8. Den umgekehrten Grundstrich im mittleren Zwischenraume ɩ benütze ich als Zeichen für den vertieften Klang der Stimme. Ich muss wiederum näher bezeichnen, was ich darunter verstehe, da es sich hier nicht blos um eine Veränderung in der Tonhöhe, sondern auch um eine Veränderung im Timbre handelt. Wenn wir einfach mit dem Ton der Stimme unter das gewöhnliche Niveau der fliessenden Rede herabsinken, so ist damit wenigstens für die Mehrzahl der Organe eine Verminderung in der Tragweite verbunden; hier soll aber dieselbe eher noch vermehrt werden und die Stimme soll etwas von der Fülle und Breite bekommen, wie wir sie an Rednern und Schauspielern hören, wenn sie das würdevolle, oder auch das gewaltige und erschütternde ihres Gegenstandes an einzelnen Stellen durch den veränderten Klang ihrer Stimme zu illustriren suchen. Da sich ein Timbre, das noch nicht akustisch analysirt ist, nicht deutlich beschreiben lässt, so muss ich suchen Hilfsmittel anzugeben, durch die man dazu gelangt es hervorzubringen.

Eines derselben ist bereits in meinen Beiträgen zur Lautlehre der arabischen Sprache beschrieben. Es heisst daselbst auf Seite 10 (diese Berichte XXXIV, S. 314) bei Gelegenheit der Veränderung, welche die Stimme beim Articuliren des ض erleidet:

„Wir kommen jetzt zu dem dritten Punkte, nämlich zu der eigenthümlichen Veränderung, welche der Ton der Stimme bei der Bildung des ض und der von ihm influenzirten Vocale eingeht. Einen Klang kann man nicht an und für sich beschreiben, man kann ihn nur durch Vergleiche kenntlich machen oder durch die Anweisung, wie man ihn hervorbringe. Ich will das letztere versuchen. Man bilde den Mundhöhlenverschluss für *d*¹, für das gewöhnliche *d* der Deutschen, und bringe nun möglichst anhaltend und vernehmlich den sogenannten Purkinye'schen Blählaut hervor, d. h. man lasse die Stimme tönen, indem man Luft durch die Stimmritze in die nach vorne durch die Zunge, nach oben durch die Gaumenklappe vollständig geschlossene Mundhöhle eintreibt. Man muss dabei vor dem Spiegel deutlich wahrnehmen, dass sich die Kehle aufbläht und der an seinem Vorsprunge, dem sogenannten Adamsapfel, kenntliche Kehlkopf herabsteigt. Beides ist die Folge der Vergrösserung, welche der Kehlraum erfährt, um die hineingetriebene Luft aufzunehmen. Hat man dies einige Male geübt und vollständig in seiner Gewalt, so durchbreche man den Mundhöhlenverschluss nach vorne, ohne dass die Stimme aufhört zu tönen. Man mag in was immer für einen Vocal übergehen, man mag *dda*, *ddo* oder *ddu* sagen, immer wird man bemerken, dass die Stimme mit einem zwar etwas dumpfen, aber doch kräftigen Ton von eigenthümlichem Timbre heraustönt."

Ein zweiter Kunstgriff beruht darin, dass man vor dem Spiegel den Mund öffnet wie zum *a*, und dann sucht die Zunge möglichst flach, ja womöglich mit concaver Oberfläche in der Mundhöhle niederzulegen. Lässt man während dieser Anstrengung die Stimme um einen Ton tiefer anlauten, als der ist, in dem man gewöhnlich zu sprechen pflegt, so wird man bemerken, dass nun auch das Timbre der Stimme in eigenthümlicher und der vorher erwähnten analoger Weise verändert ist.

Ein dritter Weg besteht in Folgendem: Man lege den Finger an den Kehlkopf, und suche dann denselben durch die sich an ihn heftenden Muskeln nach abwärts zu ziehen. In dem Augenblicke, wo man mittelst des Fingers fühlt, dass dies gelungen ist, lässt man die Stimme anlauten.

Wenn man das, was den auf diesen drei Wegen erhaltenen Effecten gemeinsam ist, heraussucht und dem Ohre wohl einprägt, so wird man kaum über das fragliche Timbre im Dunkeln bleiben können und es stets leicht und ohne besondere Muskelanstrengung hervorbringen, ja man hat diese zu vermeiden, um dem Tone nicht etwas gezwungenes, gewaltsames zu geben. Sie diente nur dazu den Unkundigen, der noch keine Gelegenheit gehabt hatte, diesen Klang zu hören, darauf zu führen. Man suche auch sogleich ihn mit allen verschiedenen Vocalen zu verbinden, damit man die verschiedenen akustischen Effecte höre, welche ein und dieselbe Intention bei ihnen hervorbringt. Nur dadurch wird man dahin geführt, dieselbe aus der Rede anderer stets leicht und sicher wieder herauszuhören. Demjenigen der Gelegenheit hat einen Araber reden zu hören, werden die Verbindungen des ض mit den verschiedenen Vocalen die besten Anhaltspunkte geben. Dieses Timbre dient ausser dem ض auch dem ظ, wenngleich keineswegs überall; ferner dem ł der Polen und dem diesem entsprechenden лъ der Russen. Dem polnischen Ohre muss er im ł charakteristischer sein, als das consonantische Element selber, das in der That im Munde der Landeseingebornen manchmal überaus schwach und undeutlich, ja in einzelnen Fällen vollständig entstellt ist. Ein junger Pole aus Warschau, der in meinem Laboratorium arbeitete, hatte in dem ł zwar das vollkommen charakteristische Timbre, aber gar keinen L-Laut mehr, sondern statt dessen ein schwaches *w*', Er sagte mir, dass diese Aussprache anerkannt unrichtig, aber doch in Warschau gar nicht selten sei.

Es scheint fast als ob beim ض im Laufe der Zeiten das consonantische Element dem Timbre gegenüber einmal eine ähnlich untergeordnete Rolle gespielt hätte, sonst wäre es, ganz abgesehen von seinem Schwanken zwischen ʿu, ʿu und u, kaum begreiflich, wie man darüber streiten konnte, ob das ض nur ein emphatisches ل oder ein Laut *sui generis* sei [1]). Das emphatische ل, wie es in اللّٰه gehört wird, hat nämlich eine innige Verwandtschaft mit dem ł der Polen, und ebenso sagt Wallin von ihm, dass es etwa wie das лъ der Russen laute. Ich finde dies auch durch Herrn Hassan's Aus-

---

[1]) Vergl. Wallin, Zeitschrift der deutschen orientalischen Gesellschaft. Bd. XII, S. 633 und 634.

sprache, was das Timbre anlangt, vollkommen bestätigt, nur sehe ich das л von den mir bekannten Russen dental, also als ɳι bilden, was ich bei Herrn Hassan in Rücksicht auf das emphatische ل nie gesehen habe. Er schien es mir fast höher am Gaumen zu bilden, als das gewöhnliche *l*.

Das Zeichen ι kann und muss begreiflicher Weise auch mit Vocalen verbunden werden und bildet so ein wesentliches und nothwendiges Hilfsmittel für die Umschreibung des russischen ы, ausserdem aber auch anderer Vocale, welche, nach der gewöhnlichen Auffassung unter dem Einflusse emphatischer Consonanten, den tieferen Klang angenommen haben.

Zeichen für Consonanten mit zwei Articulationsstellen.

Wenn ein Consonant bezeichnet werden soll, bei dem zwei Engen hinter einander liegen, die jede für sich, wenn sie einzeln vorhanden wären, zu einem Reibungsgeräusche Veranlassung geben würden, so füge ich die Zeichen für die Orte der Engen (die Zeichen für die Articulationsstellen) an einander, und hänge ihnen das Zeichen des Reibungsgeräusches an: so schreibe ich das *j* der Franzosen mit ˥ι zusammengesetzt aus ˉ] und ι. Tritt dazu noch das Zeichen der weit offenen Stimmritze, so entsteht daraus ˥ιl das *sch* der Deutschen.

Beim Schreiben solcher Consonanten ist immer das Zeichen derjenigen Articulationsstelle, welche mehr nach vorne liegt, zuerst zu setzen.

Zeichen für Consonanten mit zweierlei Geräusch.

Solche Consonanten sind: das غ und das خ der Araber. Ich schreibe zuerst das Articulationszeichen, und füge diesem die Zeichen für die Geräusche eines nach dem andern an. So entsteht als Zeichen für غ ƪυ aus der Combination von ƪ ι und ɔ. Tritt dazu noch das Zeichen der weit offenen Stimmritze, so wird daraus ƪυl, das Zeichen für خ.

Weitere Bemerkungen über die Buchstaben.

Als ich die Construction der Vocalzeichen begann, hatte ich das Consonantensystem bereits ausgearbeitet. Meine erste Sorge ging nun dahin, die Vocalzeichen den Consonantenzeichen so unähnlich als möglich zu machen. Desshalb ihre geradlinigen Grundzüge im Gegensatze zu den krummlinigen der Consonanten. Ich weiss, dass hierdurch das Ansehen der Schrift gelitten hat, dass sie bunt geworden ist; aber bei den Zwecken, denen sie dienen soll, musste ich dies gering anschlagen gegenüber dem Vortheile, dass die Vocale in der Schrift auf den ersten Blick in die Augen springen und dadurch die Übersicht ungemein erleichtert wird. Meine zweite Sorge war, die Anzahl der zu schneidenden Stempel so viel als möglich zu vermindern. Die reinen Vocale mit heller Resonanz verlangen neun Typen, dazu kommen vier, welche das Zeichen der offenen Gaumenklappe, vier welche das Zeichen der dumpfen Resonanz (unvollkommener Bildung) und vier, welche beide Zeichen tragen. Dies macht zusammen 21 Typen, die das Material für die Bezeichnung von 58[1]) verschiedenen Vocallauten geben. Zugleich sieht man ein, dass man da, wo es auf die äusserste Sparsamkeit ankommt, die Anzahl der zu schneidenden Stempel noch bedeutend vermindern könnte, indem man die diakritischen Punkte gesondert in die Matrizen einschlüge; wenigstens würde sich dies mit dem die offene Gaumenklappe bezeichnenden Punkte bei einiger Sorgfalt wohl ohne auffälligen Nachtheil für die Schrift thun lassen.

Bei der Combination zweier Typen zu einem Vocalzeichen habe ich alle Verbindungen vermieden, bei welchen der eine Theil mit einem Querstriche versehen ist und der andere nicht, damit nicht beim schnelleren Schreiben der andere Theil mit durchstrichen und somit ein Fehler herbeigeführt werde. Man möchte vielleicht glauben, dass auch die einseitig angeheftete Fahne solche Gefahr bergen könnte, aber dies ist erfahrungsmässig nicht der Fall, indem man sich leicht gewöhnt dieselbe in einem Zuge mit einem der abstei-

---

[1]) Nicht 60, weil für den unbestimmten Vocal der Unterschied von vollkommener und unvollkommener Bildung heller und dumpfer Resonanz nicht existirt.

genden Striche zu schreiben, wodurch jedes übergreifen, nach der andern Seite unmöglich wird.

Bei der Vertheilung der Zeichen auf die Vocalpyramide habe ich mich von dem Gedanken leiten lassen, dem Gedächtnisse so viel Erleichterung als möglich zu gewähren.

Wenn man vom *a* aus die divergirenden Seiten der Pyramide verfolgt, so bekommt man die Laute *a*ᵉ und *a*ᵒ indem man dem Zeichen des *a* eine nach innen gewendete Fahne anhängt; fügt man zu dieser den Querstrich, so erhält man die darauf folgenden Laute *e*ᵃ und *o*ᵃ, nimmt man dann den nach rechts geneigten Strich weg, wiederum die darauf folgenden Laute *e* und *o*, und wenn man endlich auch den Querstrich entfernt, so bekommt man *i* und *u*. Legt man die Zeichen für *e*ᵃ und *o*ᵃ auf einander, so bekommt man den dazwischen stehenden Vocal *a*ᵉᵒ (*soeur*, *malheur*); nimmt man ihm den Querstrich, so bekommt man das Zeichen für *e*ᶦ, und nimmt man ihm den oberen Strich (die combinirten Fahnen), so erhält man das Zeichen für *o*ᶦ. Lässt man aus diesen beiden Zeichen den nach rechts geneigten Strich weg, so erhält man die Zeichen für *i*ᵘ und *u*ᶦ.

Das Zeichen \ habe ich desshalb für den unbestimmten Vocal reservirt, weil es Bestandtheil aller Vocalzeichen ist und desshalb als vocalisch offener Mundcanal ohne Bezeichnung einer bestimmten Vocalfärbung aufgefasst werden kann.

Alle Vocalzeichen haben eine Verbindung nach unten und rechts. Es war dies unumgänglich nothwendig, weil sie nur Zeichen für den Zustand des Ansatzrohres sind und sich ihnen die Zeichen für den Zustand des Kehlkopfes anfügen mussten.

In Rücksicht auf die Consonantenzeichen war für mich der erste leitende Gedanke der, die Articulationsstelle, den physikalischen Process der Geräuscherzeugung und den jeweiligen Zustand des Kehlkopfes durch besondere Zeichen anzuzeigen. Nur hierdurch war es möglich, eine leichte und rasche Übersicht über die grosse Anzahl der Consonanten zu erhalten und die Menge der Typen in entsprechender Weise zu vermindern, nur hierdurch endlich konnte das Alphabet das werden, was es werden sollte, eine beredte Zeichensprache, die bei sprachvergleichenden Untersuchungen in durchsichtiger Klarheit die wesentlichen Veränderungen, welche die Laute erlitten haben, zur Schau trägt.

Meine zweite Sorge bestand darin, die Articulationszeichen nach den einzelnen Articulationsgebieten in auffälliger Weise von einander zu trennen. Desshalb nehmen die Zeichen des ersten Articulationsgebietes den oberen Raum ganz ein und sind auf denselben beschränkt. Von den Zeichen des zweiten Gebietes liegt das eine im untersten Theile des oberen Raumes, die drei anderen im mittleren Raume, den sie vollständig ausfüllen.

Die Zeichen des dritten Gebietes erstrecken sich durch den ganzen unteren und mittleren Raum und eines von ihnen, und zwar das der letzten und hintersten Articulationsstelle, ragt noch etwas in den oberen Raum hinein.

Man wird vielleicht fragen, warum ich nicht einfach die Zeichen des ersten Gebietes auf den oberen, die des zweiten auf den mittleren, die des dritten auf den unteren Raum beschränkt habe, aber dies ging schon desshalb nicht an, weil die Verbindung mit dem nächstfolgenden Zeichentheile natürlich immer in demselben Niveau gesucht werden musste, um überhaupt die verschiedenen Consonantenzeichen zusammensetzen zu können. Übrigens wird man beim praktischen Gebrauche sehen, dass selbst in der schlechtesten Schrift die Charakteristik der drei Gebiete noch in hinreichend auffälliger Weise hervortritt.

Die Verbindung zwischen dem ersten und zweiten Theile des Zeichens liegt in der Linie, die den oberen und mittleren Raum von einander trennt. Ich habe desshalb die Verbindung zwischen dem zweiten und dritten Theile in die Linie versetzt, welche den mittleren und unteren Raum von einander scheidet. Es hat dies einen doppelten Vortheil. Erstens konnte ich den ganzen mittleren Raum benutzen ohne wieder einen Hinaufzug suchen zu müssen, und zweitens lehrt die Art der Verbindung an sich, in welchem Theile des Consonantenzeichens man sich befindet, was beim Lesen der Consonanten mit zweifachem Geräusche oder zweifacher Articulationsstelle von wesentlichem Nutzen ist.

Ich glaube bei Gelegenheit der letzteren auf das *sch* der Deutschen zurückkommen zu müssen, um hier einer Art diakritischer Zeichen zu erwähnen, welche ich vorläufig noch nicht in meine Typen aufgenommen habe, weil ich ihrer zu den Transscriptionsproben, welche ich der Abhandlung beigeben konnte, nicht nothwendig bedurfte.

Ich habe bereits in meinen Grundzügen (Seite 64) auf das Anstemmen der Zunge gegen den Gaumen aufmerksam gemacht, vermöge dessen die Luft beim *sch* nicht wie sonst beim *s* über die Mitte der Zungenspitze, sondern zu beiden Seiten derselben abfliesst. Ich habe diese Bildungsweise damals für eine Eigenthümlichkeit eines einzelnen Dialekts gehalten, mich aber seitdem mehr und mehr von der grossen Verbreitung derselben überzeugt. Es mögen desshalb Fälle eintreten, wo es wünschenswerth ist, sie in der Schrift durch ein besonderes Hilfszeichen ersichtlich zu machen, und ich schlage vor, zu diesem Zwecke dann im unteren Raume und unter dem Zeichen für die bezügliche (hier dem zweiten Articulationsgebiete angehörige) Articulationsstelle einen Querstrich und einen Punkt darunter als Zeichen der bilateralen Articulation im Gegensatze zur medianen anzuwenden. Es würde hiermit zugleich das Mittel zur Bezeichnung der unilateralen Articulation gegeben sein und zwar würde man durch den Punkt allein die unilaterale Articulation nach rechts, durch den Querstrich allein die (so viel ich weiss noch nicht beobachtete) unilaterale Articulation nach links anzeigen. Akustisch sind zwar beide durchaus gleichwerthig, und es würde für das, was am einzelnen Laute zu hören ist, ein Doppelpunkt für die bilaterale und ein einfacher Punkt für die unilaterale Articulation vollkommen genügen, aber es findet sich, dass bei Beschreibung unilateral gebildeter Laute ausdrücklich gesagt wird, dass sie an der rechten Seite gebildet werden. Ich erinnere an den Ausspruch:

والضاد من اصل حافة اللسان وما يليها من الاضراس من يمين اللسان

(Baidâwi ed. Fleischer II. p.٢٨٩ und ٩٣. Wallin l. c.)

Im Ehhkili (vergl. F. Fresnel im *Journal Asiatique, série III, T. VI, p. 529*) wird das ض noch jetzt unilateral gebildet und zwar immer nach rechts und eben so werden die beiden anderen unilateralen Consonanten dieser Sprache immer nach rechts gebildet. Fresnel fragte seinen eingeborenen Lehrer Muhhsin, ob es in seinem Lande keine Leute gäbe, die diese Laute nach links bildeten; aber dieser antwortete: „qu'on n'avait jamais vu d'exemple d'une pareille gaucherie“. Wenn also in irgend einer Sprache unilaterale

Articulation nach links aufgefunden würde, so würde man billig für diese ein besonderes Zeichen verlangen.

Diese Zeichen für rechts und links würden sich auch auf die L-Laute übertragen lassen, und müssten natürlich ebenso wie bei den Reibungsgeräuschen unter das Zeichen der Articulationsstelle gesetzt werden.

Ich kann nicht unterlassen, hier noch etwas über die Beziehungen zwischen den L-Lauten und den unilateral oder bilateral articulirten Reibungsgeräuschen des zweiten Articulationsgebietes hinzuzufügen.

Alle L-Laute werden lateral gebildet und alle gehören dem zweiten (mittleren) Articulationsgebiete an. Bei ihnen allen fällt die Luft, nachdem sie zwischen dem Zungenrande und den Backenzähnen hindurchgetreten ist, zunächst gegen die Innenfläche der Backen und streicht an dieser entlang zur Mundöffnung. Bei den lateral gebildeten Reibungsgeräuschen aber, sei es dass die Luft zwischen Zunge und Gaumen austritt und erst dann gegen die Zähne anfällt (laterales ר und ʼd) oder dass die Enge selbst zwischen Zunge und Zähnen liegt (laterales n und n̲), tritt die Luft, nachdem sie die Zähne passirt hat, direct nach aussen, ohne erst die Innenfläche der Backen zu treffen und an dieser fortzufliessen, und darin liegt es hauptsächlich, dass sie, den entsprechenden median gebildeten Reibungsgeräuschen in Rücksicht auf ihren akustischen Effect verwandt, mit den L-Lauten für das Ohr keinerlei Ähnlichkeit haben. Hier zeigt es sich aber einmal wieder recht deutlich, wie schwer in den Sprachen die organologische Verwandtschaft selbst den krassesten akustischen Unterschieden gegenüber in's Gewicht fällt, denn nach Fresnel substituirt sich im Ehhkili das lateral gebildete n, welches er mit dem willkürlichen Zeichen ژ̂ schreibt, dem L. Der Laut, den Fresnel mit س bezeichnet, ist offenbar der entsprechende tonlose Laut, also lateral gebildetes nd, und der, den er mit ض bezeichnet und der auch etymologisch dem ض in arabischen Wörtern, z. B. in ارض entspricht, muss nach seiner Beschreibung als lateral gebildetes nd nd bestimmt werden.

Um bei diesen seitlichen an den Backenzähnen zu bildenden Dentalen den directen Ausfluss der Luft zu ermöglichen, und zu verhindern, dass sie nicht erst wie bei den L-Lauten an die Innenfläche der Backe anfalle, ist es nöthig nicht nur die Zunge sondern auch die Mundspalte nach rechts zu bewegen. Hierdurch entsteht eine Verzerrung des Gesichts, von der Fresnel, der sie zu sehen oft Gelegenheit hatte, wohl nicht ohne Grund bemerkt, dass sie den Reizen der Königinn von Saba einigen Eintrag gethan haben müsse. Aber in eben dieser Verzerrung liegt eine Garantie für die Richtigkeit von Muhhsin Ausspruch, dass diese Laute durchweg nach rechts gebildet werden, denn eine ausnahmsweise nach links gehende Verzerrung würde hier sicher auch dem nachlässigsten Beobachter auffallen.

Was die Auswahl der einzelnen Elemente der Consonantenzeichen anlangt, so habe ich besonders darnach getrachtet die Zeichen so zu wählen, dass sie durch Nachlässigkeit der Handschrift nur schwer bis zur Unkenntlichkeit entstellt werden können, ein Zweck, den ich freilich theilweise auf Kosten der Flüssigkeit der Schrift anstreben musste.

Ein wesentliches Schutzmittel gegen die Entartung derselben liegt nämlich darin, dass sie keine verbundene ist, und somit ein gewisser Grad des Schnellschreibens nicht leicht überschritten werden kann. Hier, wo jeder Buchstabe seinen eigenen Gedanken fordert, damit correct geschrieben werde, lag viel mehr daran, dass die Schrift zum Deutlichschreiben, als dass sie zum Schnellschreiben eingerichtet sei. Da sie in einer auch nur einigermassen sorgfältigen Handschrift dem Drucke gegenüber nichts an Sicherheit einbüsst, so ist es klar, dass sie sich auch gut für die Lithographie und den Umdruck eignet und man somit für die Vervielfältigung keineswegs auf die Buchdruckerpresse beschränkt ist.

Am Ende ist der Abhandlung eine durch Umdruck erlangte Schriftprobe angehängt, welche zeigt, wie sich mir die Buchstaben beim Schnellschreiben gestalten.

Die zweite Rücksicht bei der Auswahl der Zeichen war wiederum die Sparsamkeit, das Streben die Anschaffung des neuen Zeichensystems so viel als möglich zu erleichtern, damit diejenigen, welche sich desselben bedienen wollen, nicht an dem Widerstande der Drucker oder Verleger scheitern. Desshalb ist für den Kehlkopf kein einziges neues Zeichen in Gebrauch gezogen worden. Die folgenden sind sämmtlich durch Umkehrung schon vorhandener gewonnen.

Das Zeichen für den Kehlkopfverschluss ꜀ ist die Umkehrung des Zeichens für die labiodentale Articulation ꜂. Da es einen nach rechts offenen Haken bildet, so kann das Symbol, abgesehen von den Dimensionen zum Anhalt für das Gedächtniss auch als das Zeichen für den Verschluss betrachtet werden, das aus dem mittleren in den unteren Zwischenraum und aus der zweiten in die dritte Stelle gerückt ist. Das Zeichen für das *r* laryngeum (das Kehlkopf-*r* der Niedersachsen) ˏ ist die Umkehrung des Zeichens für die labiale Articulation ˎ. Da das Symbol einen nach links offenen Haken bildet, so kann es auch, abgesehen von den Dimensionen, betrachtet werden, als das Zeichen des Zitterlautes, das aus dem mittleren in den unteren Zwischenraum und aus der zweiten in die dritte Stelle gerückt ist.

Das Zeichen für den Zustand des Kehlkopfes beim ح der Araber ⇃ ist die Umkehrung des Zeichens für die hinterste Articulationsstelle der Mundhöhle ↾. Man mag sich hierdurch warnen lassen, es nicht an dieser Stelle zu articuliren, wie dies von Europäern so häufig geschieht. Nimmt man von diesem Zeichen den Hinaufzug, also das allgemeine Zeichen der Stimmlosigkeit durch weit offene Stimmritze, weg, so bleibt noch das umgekehrte Dach ˬ als Zeichen für den Zustand des Kehlkopfes beim ع.

Man mag sich hierdurch an die Ansicht von Wallin erinnern lassen, dass das ع der entsprechende tönende Laut zur ح sei. Bei Gelegenheit dieser Ansicht, welche ich auf Seite 100 meiner Grundzüge besprochen und wie ich glaube, auf ihr richtiges Mass zurückgeführt habe, kann ich nicht umhin, einen kleinen Nachtrag zu meinen Beiträgen zur Lautlehre der arabischen Sprache zu geben. Ich habe daselbst zur Erläuterung der Mechanik des ع folgende Stelle aus J. Czermak's Kehlkopfspiegel und seine Verwerthung für Physiologie und Medicin, Leipzig 1860, angeführt: „Verschliesse ich den Kehlkopf in der oben beschriebenen Weise“ (wie beim Hamze) „und diese drei Spalten“ (eine von links nach rechts und eine von rechts nach links verlaufende zwischen der unteren Fläche des Kehldeckels und den oberen Stimmbändern, so wie dem oberen Rande der die Giessbeckenknorpel einschliessenden Schleimhautfalte, und eine dritte von vorne nach hinten verlaufende zwischen den Innenrändern der Giessbeckenknorpel) „durch Aufeinanderdrücken ihrer Ränder, und treibe die Luft kräftig gegen dieselben an, so entsteht ein harter eigenthümlich gequetschter Ton, indem die Ränder der *Fissura laryngea* ganz ebenso wie sonst die Ränder der verengten wahren Stimmritze in deutlich sichtbare tönende Schwingungen gerathen. Es entsteht für diesen eigenthümlichen Laut also gewissermassen eine besondere Stimmritze zwischen den an einander gelegten Rändern der *Fissura laryngea*."

„Ich (Czermak) habe wiederholt beobachtet, dass während die Santorini'schen Höcker fest und unbeweglich an einander schlossen, der untere Theil des interarytänoiden Spaltes die Luft in raschen Pulsationen hervorbrechen liess, was ich allemal an dem Zittern der Reflexlichter auf der feuchten Schleimhaut und zuweilen an dem Auftreiben von Luftblasen im zähen Schleim deutlich erkannte. Auch durch die beiden horizontalen Spalten kann die Luft tönend hervorgetrieben werden. Der auf diese Art erzeugte Ton ist nichts anderes als das vielbesprochene arabische *Ain*, wie ich es durch Herrn Hassan aus Kairo kennen gelernt hatte."

Hiernach würde die eigentliche tonerzeugende Enge für das ع die *Fissura laryngea* sein und nicht die *Glottis*. Ich habe mich aber durch Beobachtungen an Herrn Dr. Semeleder, der die Güte hatte, in meinen Vorlesungen die Erzeugung der Kehlkopflaute laryngoskopisch zu demonstriren, überzeugt, dass dies nicht der Fall sei. Herr Dr. Semeleder hat sich unter Herrn Hassan's Leitung andauernd mit der arabischen Sprache beschäftigt und die Hervorbringung des ع ist ihm so geläufig, wie die irgend eines europäischen Consonanten; während derselben aber hatte die *Fissura laryngea* mehrmals eine solche Breite, dass sie unmöglich zur Tonerzeugung dienen konnte. Der Ort derselben muss also weiter nach abwärts, sei es in der *Glottis vera*, oder in der *Glottis spuria*, oder in beiden gleichzeitig gesucht werden, und die von Czermak zuerst beobachteten und auch in der That sehr deutlichen Vibrationen an der *Fissura laryngea* müssen secundärer Natur sein.

Das Zeichen des unbestimmten Vocals in Verbindung mit dem Zeichen für die weit offene Stimmritze ist das Symbol für das *h* der Deutschen, das ه der Araber. Es ist der vocalisch offene Mundcanal mit weit offenem Wege für die Luft durch den Kehlkopf. Das bedarf weiter keiner Erklärung, aber auch andere Vocalstellungen können sich mit der weit offenen Stimmritze verbinden; es entsteht dann ein *h* mit bestimmter Vocalfärbung, welche eben von der bestimmten Form des Mundcanals herrührt, ähnlich so wie auch die Flüsterstimme, oder richtiger der Flüsterlaut eine ganz bestimmte und unverkennbare Vocalresonanz annimmt. Dasselbe gilt auch vom ح der Araber, das sich natürlich ebenso mit verschiedenen Vocalstellungen combiniren lässt. Es ist das nicht blos eine theoretische Fiction, sondern von entschieden praktischer Bedeutung. Im Arabischen entstehen daraus ganz bestimmte Erscheinungen, welche die Umschrift wieder zu geben hat. Geht z. B. ein Wort auf ح aus und ist der Vocal des vorhergehenden Consonanten ein Fatha, so nimmt auch das ح die Resonanz des *a* an, so wird z. B. das Wort كَحْ im Vulgärarabischen gesprochen als ob dem Fatha ein *hha* nachlautete, in dem aber das *a* keine Stimme hat, sondern nur aus der eigenthümlichen Resonanz des *hh* erkannt wird. Hier würde ich also nicht den unbestimmten Vocal, sondern das Zeichen ʌ mit dem Zeichen ḷ zu ʌḷ verbinden. Wäre dagegen der vorhergehende Vocal ein Kesre oder Damma gewesen, so hätte das *hh* die Resonanz eines unvollkommen gebildeten aʻ angenommen oder alle bestimmte vocalische Färbung verloren.

Es sind das Erscheinungen ganz analog denen, welche ich schon früher beim ع erwähnt habe, bei dem sie viel auffallender sind; sie sind mehr oder weniger allen *gutturales verae* [1]) eigen, und es bedarf

---

[1]) Trotz der dagegen von Lepsius erhobenen Einsprache, glaube ich mich dieses Ausdruckes nicht entschlagen zu sollen, so lange sich der Sprachgebrauch der Grammatiker rücksichtlich des Wortes *gutturalis* nicht geändert hat. In den Aufsätzen von Lepsius und von mir in Kuhn's Zeitschrift für vergleichende Sprachforschung Bd. XI, S. 265—276 u. 442—459 ist das Material zur Beurtheilung der zwischen uns bestehenden Controverse so weit gesammelt, dass ich es jedem Fachmanne überlassen kann zu entscheiden, welchem von uns beiden er sich anschliessen will. Nur um in den Augen derjenigen, welche mit der Streitfrage nicht näher bekannt sind, nicht als eigensinnig zu erscheinen, muss ich mit wenigen Worten erklären, wesshalb ich auf den von Lepsius gemachten Vorschlag nicht eingehen kann. Lepsius nennt die Laute, welche einschliesslich vom hinteren Theile des knöchernen Gaumens bis einschliesslich zum *Isthmus faucium* gebildet werden, *gutturales*. Das thun auch im Allgemeinen die Grammatiker. Er schlägt aber weiter vor für die Kehlkopflaute, die Benennung *faucales* zu adoptiren. — Die Kehlkopflaute nun werden, wie jedermann weiss, in den Sprachwerkzeugen tiefer nach abwärts gebildet, als die vorerwähnten

in dieser Beziehung nur noch der Kehlkopfverschluss mit den Lauten, welche beim Entstehen und Vergehen desselben zum Vorschein kommen, einer besonderen Besprechung.

Mit dem Zeichen des unbestimmten Vocals verbunden, spielt das Zeichen für den Kehlkopfverschluss eine ganz ähnliche Rolle wie das Hamze über dem Elif in der arabischen Schrift. Hier sagt auch das Elif im Grunde nichts anderes, als dass der Mundcanal vocalisch offen sei und erst die hinzugefügten Vocalzeichen Fatha, Kesre oder Damma geben an, ob wir in ein *a*, *i* oder *u* übergehen sollen. Diese Vocalzeichen stehen über oder unter der Linie, wie sie auch über oder unter der Linie stehen, wenn sie sich auf Consonanten beziehen, entsprechend dem syllabischen Charakter der Schrift. Wir, die wir die Vocale auf der Linie schreiben, müssen auch wie den Consonanten so unserem Zeichen ʼ erst den Vocal nachfolgen lassen, und das Zeichen des Kehlkopfverschlusses darf also keineswegs mit dem sylbenbildenden Vocale verbunden werden. Das Vocalzeichen, mit dem das Zeichen für den Kehlkopfverschluss verbunden ist, ist akustisch unwirksam, weil eben durch den Kehlkopfverschluss die Stimme abgesperrt ist; es zeigt nur an, dass der Mundcanal vocalisch offen sei, und das ist wesentlich, denn wäre er z. B. nach Zeichen ʼt oder nach Zeichen ʼk geschlossen, so würde die Sylbe nicht vocalisch, sondern mit ط, bezüglich mit ق anlauten. Es fragt sich nun, wo man überall das Zeichen zu schreiben habe, da wir in der abendländischen Schrift gar kein Zeichen für den Kehlkopfverschluss besitzen, ohne dass wir es bei unseren hergebrachten Leseregeln jemals vermisst hätten. Ich glaube hierauf antworten zu müssen, dass wir uns in wissenschaftlichen Schriften, und um diese handelt es sich hier zunächst, die Consequenz des Arabers zum Muster nehmen sollen, der in voca-

gutturales der Grammatiker. Es hat aber nie einen Anatomen gegeben, der unter *guttur* etwas verstanden hätte, was über den *fauces* liegt; alle Anatomen, sie mochten nun unter *guttur* den vorderen Theil des Halses ohne bestimmte Beziehung auf den Kehlkopf, oder den vorderen Theil des Halses mit dem Kehlkopf, oder endlich den Kehlkopf als inneres Organ verstehen, bezeichneten damit etwas, was nach abwärts von den *fauces* lag. Die Nomenclatur von Lepsius kehrt also die natürliche Reihenfolge der Dinge um, und ich bin desshalb jetzt wie früher der Ansicht, dass, wenn man einmal die Namen *gutturales* und *faucales* neben einander für die beiden Lautclassen gebrauchen wollte, für welche sie Lepsius braucht, dann wenigstens getauscht werden müsste, so dass der Name *gutturales* den Kehlkopflauten verbliebe, der Name *faucales* der anderen Classe.

lisirten Texten sein Hamze überall hinsetzt, wohin es der Aussprache nach gehört. Wir würden es also auch, wenn wir das Deutsche für eine fremde Nation zu transscribiren hätten, überall im vocalischen Anlaut schreiben, wo nicht, wie dies im Gespräche häufig, bisweilen auch in der Declamation, geschieht, der Ton von der Endsylbe des einen Wortes ununterbrochen auf die Anfangssylbe des anderen übertragen wird. Hierdurch würden wir z. B. dem Franzosen anzeigen, dass er *der Abend* zu lesen habe, *der-abend* und nicht, wie er nach seinen Leseregeln thun würde, *derabend*. Man wird hier ohne Bedenken das Zeichen des unbestimmten Vocals mit dem des Kehlkopfverschlusses verbinden, weil man wohl sagen kann, dass wenn Jemand den Mund zum vocalischen Anlaut öffnet, er durch die Stellung für den unbestimmten Vocal in die für einen bestimmten übergehe. Anders aber verhält es sich beim Hiatus. Wenn ich z. B. *pro-ut* spreche und beide Vocale durch den Kehlkopfverschluss trenne, so gehe ich sicher nicht durch die Stellung für den unbestimmten Vocal. Wenn ich ihn also hier schreibe, so kann daraus zwar kein Irrthum beim Lesen entstehen, da der Vocal stumm gemacht ist, aber ich bezeichne einen Zustand, der factisch nicht eintritt. Dieser Anstoss ist leicht zu vermeiden. Ich kann statt des unbestimmten Vocals den endigenden oder den anfangenden Vocal, ein *o* oder *u* schreiben, immer bin ich sicher, Richtiges anzugeben, da thatsächlich während des Kehlkopfverschlusses die Mundtheile aus der Stellung für das *o* in die Stellung für das *u* übergehen. Hätte ich statt *o* und *u* die Vocale *a* und *e*, so könnte ich das Zeichen für den Kehlkopfverschluss mit dem Zeichen für *a*, für a^{ϵ}, für e^{a} und für *e*, also mit [illegible], [illegible], [illegible] und [illegible] verbinden, immer würde ich richtiges bezeichnen, und immer würde das Resultat für den Leser dasselbe sein.

Um Ungleichmässigkeiten in der Schreibweise, die übrigens hier ganz unschädlich und bedeutungslos sein würden, zu vermeiden, könnte man sich dahin einigen, das Vocalzeichen überall da, wo der Kehlkopfverschluss dem vocalischen Anlaut oder dem Hiatus dient, ganz wegzulassen und den nach rechts offenen Haken im unteren Raume in ähnlicher Weise frei hinzustellen, wie die griechische Schrift den *spiritus asper* und *spiritus lenis* frei im oberen hinstellt; es ist aber wohl zu bedenken, ob das Loslösen eines Zeichens, das anderweitig z. B. in ط und ق als integrirender Bestandtheil eines Consonanten erscheint, aus dem regelmässigen Verbande der

Zeile nicht in der Praxis wesentliche Nachtheile mit sich führen würde.

Ich werde in meinen Transscriptionen immer [illegible] schreiben und beruhige dabei etwaige Gewissensbisse damit, dass das Zeichen ι Bestandtheil aller Vocalzeichen ist. Ich kann es desshalb betrachten als das Zeichen für den vocalisch offenen Mundcanal im Allgemeinen und es unnöthig finden, die Abzeichen für die specifische Resonanz eines bestimmten Vocals hinzuzufügen, da dieselbe durch den Kehlkopfverschluss ohnehin unmöglich wird.

Dass ich für die Aspiraten des Sanskrit und der davon abstammenden Sprachen keine einfache Zeichen eingeführt habe, rechtfertigt sich aus dem, was ich in der Zeitschrift für österreichische Gymnasien, Jahrgang 1858, p. 689 und in diesen Sitzungsberichten Jahrgang 1859, April, über die Aspiraten des Sanskrit und des Hindustani gesagt habe.

Ebenso wird es jedem Kundigen einleuchten, dass ich für deutsch z, altgriechisch ζ, italienisch *c* vor *e* und *i* und *g* vor *e* und *i*, für griechisch ç' etc. keine einfachen Zeichen einführen konnte, sondern sie mittelst der Gruppen [illegible], [illegible], [illegible], [illegible] und [illegible] bezeichnen musste.

Ich hoffe man wird es meiner Schrift nicht zum Vorwurf machen, dass sie kein besonderes Articulationszeichen für die sogenannten Lingualen der Araber besitzt. Ich habe mich auf das Bestimmteste vergewissert, dass in der Aussprache meines Lehrers Hassan nichts enthalten war, was ein solches gerechtfertigt hätte, und auch das, was ich in Büchern über die Aussprache der Araber, sowohl der westlichen als der östlichen gefunden habe, hat mich nicht von der Nothwendigkeit oder Brauchbarkeit eines solchen überzeugen können. Die Articulation, im engeren Sinne des Wortes ist es nicht, auf welcher die natürliche Verwandtschaft dieser Laute unter einander und ihre Sonderstellung im Lautsysteme der Araber beruht; es sind andere Eigenschaften, welche ich in meinen Beiträgen zur Lautlehre der arabischen Sprache ausführlich erörtert habe. Für den, der nicht tiefer in den Gegenstand eindringen will, mag schon die Bemerkung der arabischen Orthoëpisten genügen, dass diese Laute beim Flüstern, nach einigen schwer, nach anderen gar nicht von ihren nicht emphatischen Doppelgängern unterschieden werden können. Unterschiede, welche in der Articulation im engeren Sinne des

Wortes beruhen, sind gerade beim Flüstern am deutlichsten, da man hier nicht durch den Ton der Stimme beirrt wird. Man wird auch ohne ein specifisches ihnen gemeinsames Abzeichen, die sogenannten Lingualen von ihren nicht emphatischen Doppelgängern, da wo sie die Aussprache erkennen lässt, in meiner Schrift gleichfalls mit Leichtigkeit unterscheiden. ط unterscheidet sich von ت zunächst durch das Zeichen des Kehlkopfverschlusses, das Zeichen für ط ist ˀt, das Zeichen für ت ist ʿt. Eben so wie sich ط durch den Kehlkopfverschluss unterscheidet, unterscheiden sich ض und ظ durch das Zeichen des vertieften Tones der Stimme und, wo dies dem letzteren nicht zukommt, wird noch immer der damit verbundene Vocal erkennen lassen, dass man es mit ظ und weder mit ذ noch mit ز zu thun habe.

Der Vocal, respective das ihm angefügte Zeichen für den Zustand des Kehlkopfes, wird es endlich auch sein, was überall ص und س unterscheiden lässt, mit Ausnahme derjenigen Fälle, in welchen nach dem eigenen Urtheile der Araber ein Unterschied in der Aussprache nicht existirt [1]). Dass meine Schrift in diesen Fällen nicht unterscheidet und eben so wenig bei der Transscription der mangelhaften Aussprache arabischer Wörter durch Nichtaraber, kann ich nicht für einen Fehler halten; denn sie ist eben nicht dazu bestimmt, Texte zu transscribiren, damit man sie aus der Transscription ohne weiteres orthographisch richtig wieder herstellen könne, sie ist dazu bestimmt, die Aussprache abzubilden. Beide Zwecke schliessen, wie ich schon früher gezeigt habe, einander aus.

Die Lesezeichen.

I. Von den Accenten.

Als Zeichen für den Hauptaccent oder Accent erster Ordnung, wähle ich einen Strich von oben und rechts nach unten und links (Acut) im oberen Raume (´), als Zeichen für den Nebenaccent oder

[1]) Vergl. Caussin de Perceval grammaire Arabe vulgaire, quatrième Edition. Paris 1858, p. 7.

Accent zweiter Ordnung einen Strich von oben und links nach unten und rechts (Gravis) im oberen Raume (`). Der Accent wird stets zum letzten der Buchstaben gesetzt, an welchen der stärkere Exspirationsdruck fühlbar ist, gleichviel ob es ein Vocal sei oder ein Consonant. Dieser Buchstabe ist mit einigen später zu erwähnenden Ausnahmen der letzte der accentuirten Sylbe, so dass also der Accent das Ende derselben bezeichnet. Ich habe dieses Hilfsmittel der allgemeinen Anwendung eines Sylbentrennungszeichens vorgezogen, weil die Abtrennung einer unaccentuirten Sylbe von der ihr folgenden, so weit sie sich nicht aus der Combination der Laute selbst mit Nothwendigkeit ergibt, weder eine organologische noch eine akustische, sondern lediglich eine etymologische Bedeutung hat [1]). Anders verhält es sich mit den accentuirten Sylben. Hier kann entweder der stärkere Exspirationsdruck nur den Vocal treffen und mit ihm endigen; er ist dann, wenn der Vocal kurz ist, ein Schlag, der sich selbst und unabhängig vom nächstfolgenden Consonanten begrenzt, ebenso wie es der accentuirte lange Vocal thut. Die darauf folgenden Consonanten schliessen sich hier für das Ohr vollständig der nächsten Sylbe an. Oder es kann der stärkere Exspirationsdruck ein oder zwei folgende Consonanten mittreffen, so dass er in ihnen eine lautbare Hemmung erfährt. Ist es ein Consonant, so schliesst er entweder nur die erste Sylbe, oder er schliesst die erste und fängt zugleich die folgende an, so dass die Sylbengrenze im Consonanten selbst liegt. Dies wird besonders deutlich bei den Verschlusslauten, weil das sonst akustisch unwirksame Zuklappen derselben durch den stärkeren Exspirationsdruck lautbar wird. Wenn wir z. B. sagen *rettung*, so hören wir deutlich, wenn ich mich so ausdrücken darf, den Accent bis auf das *t* aufstossen, und allgemein theilt man ab *ret-tung* in dem sicheren Gefühle, dass hier die Sylbengrenze im Verschlusse des *t* liege. Ganz analog verhält es sich aber auch mit anderen Consonanten. Wenn wir z. B. *holland* sagen, so fühlen wir den Accent auf das *l* aufstossen und theilen ab *hol-land*. Einige sind der Meinung, dass dies Verhältniss nur nach kurzen accentuirten Vocalen eintreten könne, das ist aber nicht der Fall, es findet sich

---

1) Sollte es in einem oder dem anderen Falle wünschenswerth erscheinen, bei der Transscription zugleich nach etymologischen Grundsätzen zu syllabiren, so mag man sich hierzu des gebräuchlichen Zeichens, des horizontalen Striches in der Mitte des mittleren Raumes, bedienen.

auch nach langen accentuirten Vocalen. Wenn ich vergleiche *da Land* und *Dålland*, so liegt der Unterschied nicht allein darin, dass im letzteren Falle das *l* länger dauert, sondern auch darin, dass im letzteren Falle das *l* sich der ersten Sylbe anschliesst, von ihrem Accent in seinem Anfange getroffen wird, in sich die Sylbengrenze enthält, während seiner Dauer abschwillt und die zweite Sylbe mit schwächerem L-Laute wiederum beginnt, während in *da Land* das *l* von dem vorhergehenden *a* völlig getrennt und unabhängig ist. Sind es zwei Consonanten, die vom stärkeren Exspirationsdrucke getroffen werden, so schliesst der zweite derselben entweder nur die erste Sylbe, wie z. B. in *nächt-lich*, *habs-burg* oder er schliesst die erste Sylbe und fängt auch zugleich die zweite an, wie in *wacht-thurm*. Alle diese Verhältnisse lassen sich leicht und sicher durch die Stellung des Accents kenntlich machen, wie dies erst aus dem folgenden Capitel, welches von den Dauerzeichen (Quantitätszeichen) handelt, vollständig klar werden wird.

So lange es sich nur um Transscription von Wörtern handelt, versehe ich natürlich nur mehrsylbige Wörter mit ein oder zwei Accenten und auch diese nur dann, wenn wirklich local ein stärkerer Exspirationsdruck vorhanden ist und nicht etwa blos eine oder die andere Sylbe durch ihre Länge mehr in's Ohr fällt; in der Darstellung zusammenhängender Rede kann ich aber genöthigt sein, ein einsylbiges Wort mit einem Accent zu versehen, wenn gerade auf dieses ein stärkerer Exspirationsdruck fällt und fallen muss.

2. Von den Dauer-Zeichen.

Ich muss hier zunächst, wie ich dies bereits an der analogen Stelle in meinen Grundzügen (p. 128) gethan habe, darauf hinweisen, dass die Quantität von der hier die Rede ist, nicht zu verwechseln ist mit der metrischen. Die Metrik hat es zu thun mit der Länge und Kürze der Sylben, wir haben es hier nur zu thun mit den Zeiträumen, welche die einzelnen Sprachelemente in Anspruch nehmen, und die innerhalb einer Sylbe summirt erst die Sylbenlänge geben. Ich gehe hierbei zunächst aus vom kurzen Vocal.

Die Dauer desselben wird nicht besonders bezeichnet und er dient mir zugleich als Mass für die länger dauernden Vocale, welche ich in lange und in gedehnte eintheile.

Es muss desshalb etwas näher festgestellt werden, innerhalb welcher Grenzen ein Vocal noch als ein kurzer angesehen werden kann, da es thatsächlich eine unbegrenzte Menge von Zwischenstufen zwischen einem kurzen Vocal, wie dem *i* in *in*, und einem langen Vocal wie *i* in *ihn*. gibt. Ich lasse unbezeichnet: 1. Die Vocale accentuirter geschlossener (auf einen Consonanten ausgehender) Sylben, die sich dem Ohr als kurze Vocale kenntlich machen. Die Unterscheidung von den langen ist hier so leicht, dass sie keiner weiteren Erläuterung bedarf. 2. Die Vocale accentuirter offener Sylben, deren Accent dem Ohr als kurzer Schlag erscheint, wie z. B. im Italienischen *ciò*. 3. Die Vocale aller unaccentuirten geschlossenen Sylben, welche man nicht dehnen kann, ohne die Aussprache zu entstellen, z. B. im Deutschen die der Endsylben *ung*, *lich*, *ig* etc. 4. Die Vocale unaccentuirter offener Sylben, wenn man sie an den nächsten Consonanten angelehnt als kurze behandeln kann ohne die Aussprache dadurch zu entstellen.

Dies bedarf einer weiteren Erläuterung. Man denke sich, man habe es z. B. mit dem *e* in der deutschen Vorsylbe *ge* zu thun, so ist dies, so lange man es allein hört, schwer von dem *e* in *geh* zu unterscheiden, und doch ist das eine kurz, das andere lang. Man wird dies sogleich gewahr, wenn man in *geschlagen* das *e* an das *sch* anzulehnen und *gesch-lagen* abzutheilen sucht, ohne jedoch dabei die Sylben aus einander zu zerren. Man kann dann das *e* noch so lang sprechen wie das *e* in *geht*, aber man kann auch, ohne die Aussprache zu entstellen, das *e* kurz sprechen wie im englischen *get*, wenn man nur dafür sorgt, dass man dabei nicht in einen Nachbarlaut oder in die unvollkommene Bildung übergeht, und dass man den Accent ausschliesslich der zweiten Sylbe bewahrt. Dies würde ganz unmöglich sein, wenn das *e* in *ge* wirklich ein langer Vocal, d. h. wenn eine gewisse längere Dauer für dasselbe charakteristisch wäre.

Ich sehe mich genöthigt, hier solche anscheinend unwissenschaftliche Hilfsmittel an die Hand zu geben, denn Regeln auf die Grammatik begründet würden hier wenig nützen, da wir es nicht mit einer sondern mit allen Sprachen zu thun haben, auch mit solchen, von deren Grammatik man noch durchaus nichts weiss.

Aus dem Vorhergehenden ergibt sich leicht, welche Vocale ich mit einem Zeichen längerer Dauer versehen werde: 1. Die Vocale accentuirter geschlossener Sylben, sobald sie dem Ohre lang erscheinen. 2. Die Vocale accentuirter offener Sylben, wenn ihr Accent dem Ohre nicht als ein kurzer und zugleich scharf begrenzter Schlag erscheint. 3. Die langen Vocale unaccentuirter geschlossener Sylben. Sie sind meistens leicht kenntlich; ist man in Zweifel, so versucht man sie zu dehnen. Der lange Vocal erträgt hier eine mässige Dehnung, ohne dass die Aussprache dadurch entstellt wird, der kurze durchaus keine. 4. Die Vocale unaccentuirter offener Sylben, wenn man sie bei dem Versuche, sie an den folgenden Consonanten anzulehnen, nicht als kurz behandeln kann, ohne die Aussprache zu entstellen.

Ich bezeichne diese Vocale mit dem Strich von oben und rechts nach unten und links im unteren Raume (,), ich unterscheide aber von diesen gewöhnlichen, allgemein bekannten langen Vocalen, die etwa die Länge von zwei kurzen repräsentiren mögen, noch andere, die merklich länger sind, und diese nenne ich gedehnte. *Du sassest* wird in der gewöhnlichen Umgangssprache zusammengezogen in *du sāst* und *du sahest* erleidet eine ähnliche Zusammenziehung, die ich mit den gewöhnlichen Schriftzeichen wiederum nur *du sāst* umschreiben könnte.

In meiner Umschrift aber würde ich das erstere mit ˆι.λ,ˆdˆd, das zweite aber mit ˆι.λ„ˆdˆd umschreiben, um durch den zweiten schrägen Strich anzudeuten, dass im letzteren das *a* etwa um die Hälfte länger ist, also die Länge von etwa drei kurzen Vocalen hat. Indem mir so der kurze Vocal als Mass für die längeren Vocale dient, bezeichne ich dieselben mit ein, zwei etc. Strichen, von denen jeder die Zeit bedeutet, welche ein kurzer Vocal in Anspruch nimmt.

Trifft auf einen langen oder gedehnten Vocal der Accent erster oder zweiter Ordnung, so sind zwei Fälle möglich, entweder der stärkere Exspirationsdruck, der den Accent bedingt, hält so lange an wie der Vocal: in diesem Falle werde ich das Accentzeichen dem oder den Dauerzeichen nachfolgen lassen, wie z. B. in *seele (anima)* ˆιɛ,ʹʅɛ, oder zweitens der stärkere Exspirationsdruck erlahmt, während der Vocal noch dauert, dann setze ich den Accent an die Stelle, von der an der Exspirationsdruck wieder abnimmt. So würde ich *als du ihn wiedersahst*, transscribiren λˆʅˆd ˆcι, ɛ,ˆc ˀιɛ,ʹˆcɛˀιˆι.λ,ʹ,ˆdˆd. Hier bezeichnet also das Accentzeichen nicht das Ende der Sylbe, aber ein Irrthum kann dadurch nicht entstehen, weil jede Discontinuität im Vocallaut, wie der folgende Abschnitt lehren wird, durch ein besonderes Zeichen signalisirt sein würde.

Ich wende die Zeichen der Dauer nicht nur auf Vocale, sondern auch auf Consonanten an. Wo wir im Deutschen im Inlaute Doppelconsonanten schreiben, wird nicht etwa ein und derselbe Consonant zwei gesonderte Male hinter einander gebildet (vergl. meine Grundzüge p. 52), sondern er wird nur einmal gebildet, hat aber eine doppelt so grosse Dauer. Ich werde also hier auch den Consonanten in der Umschrift das oben erwähnte Zeichen der doppelten Länge mitgeben; eben so im Arabischen einem Consonanten, der durch einen Vocal bewegt und mit Teschdid versehen ist, eben so endlich im Italienischen den Consonanten, die im Inlaute doppelt geschreiben werden etc.

Es ist hier der Ort auf die im vorigen Capitel erwähnte Sylbentrennung durch den Accent zurück zu kommen, und zwar auf die Beispiele, bei denen die Sylbengrenze innerhalb eines Consonanten liegt. Ein solcher Consonant ist immer ein langer und muss als solcher bezeichnet werden. So z. B. das *t* in *rettung*. das *l* in *holland*, das *l* in *dälland*, das *t* in *wachtthurm*. Hier setze ich erst den Accent und dann das Längenzeichen, um anzudeuten, dass die Sylbengrenze innerhalb des Consonanten liegt und der Accent nur dessen erste Hälfte trifft. So schreibe ich also [illegible], [illegible], [illegible] und [illegible].

Im Französischen werden im Inlaute oft Consonanten doppelt geschrieben, die in der Aussprache nur einfache Dauer haben. Bei diesen muss natürlich das Längenzeichen wegfallen. So würde z. B. *immense* mit einfachem [illegible] zu transscribiren sein.

Wie es Vocale gibt, welche über das Zweimass hinaus verlängert, gedehnt werden, so geschieht es auch bisweilen mit Consonanten. Die Koranleser verlängern nicht nur die langen Vocale über das Mass der gewöhnlichen Umgangssprache, sondern auch gewisse Consonanten. Diese Dehnung wird in der Umschrift ebenso wie die der Vocale durch eine entsprechende Anzahl von Strichen angezeigt werden müssen.

Man braucht übrigens, um Beispiele für dergleichen Consonantendehnungen zu finden, nicht so weit zu gehen; man findet sie in der eigenen Muttersprache, indem die Endsylbe *nen* in der gewöhnlichen Umgangssprache Norddeutschlands sehr häufig wie ein *n* von dreifacher Dauer gesprochen wird, so dass man *innen* mit ɩ̗ɩ˄ɩ'„„, *nennen* mit ˄ɩɩ˄ɩ'„„ transscribiren müsste, um dieser Aussprache gerecht zu werden. Im Plattdeutschen ist ein solches Einbeziehen des Vocals dieser Endsylbe in die dann in einen sylbenbildenden Laut zusammenfliessenden *n* noch häufiger. So heisst es in einem bekannten Märchen, das ich als Kind oft gehört habe:

[ɩdɩ„ʾɩɩ˄d' [ɩɩ„ʾɩɩ˄d' [ɩɩ„ʾɩɩ˄d'
ʾɩʌ˄d ʾdʌ,ʌ, ɩ̗ɩ,'˄ɩ„ ˥ɩʌ,'˄ɩ„ ʾdʌ,'ɩ˥ ˄ɩɩ˄ɩ ɩ̗ɩ,d

Ausser diesem Dauerzeichen, durch dessen einfache oder mehrfache Anwendung ich die einfache Länge und die weitere Dehnung kenntlich mache, bedarf ich noch eines Zeichens, um anzugeben, dass ein Consonant nicht einmal auf seine gewöhnliche Dauer komme, dass er nur eben angedeutet werde, wie dies z. B. mit dem Zitterlaute im *Ersch* der Böhmen (vergl. Grundzüge p. 68 u. 69) der Fall ist. Ich wähle hierfür einen Strich von oben und links nach unten und rechts im unteren Raume (͵). Dieses Zeichen, welches ich das Reductionszeichen [1]) nennen will, kann selbstverständlich auch auf Vocale angewendet werden, wenn man andeuten will, dass sie nur ganz kurz anklingen und selbst nicht einmal die Länge eines gewöhnlichen kurzen Vocals erlangen.

Man hat vorgeschlagen, sich einfach des unbestimmten Vocals zu bedienen, um das sogenannte „Verschlucken" der Vocale in den Endsylben vieler deutscher und englischer Wörter anzudeuten. Dies ist aber nicht zu billigen, denn das Zeichen für den unbestimmten Vocal ist nur das Zeichen für eine Mundstellung, es sagt an und für sich nichts über die Dauer derselben aus. In der That wird das *e* in *Wasser, rufen* etc. sehr verschieden ausgesprochen, bald mit der Dauer eines gewöhnlichen kurzen Vocals, bald nur andeutungsweise, bald endlich werden die Consonanten in der That unmittelbar an einander gefügt. Je nachdem ich eine dieser drei Aussprachen

---

1) Ich bilde diesen Namen nach Prof. Tafel's Benennung *reduced vowels* ohne indessen den Begriff der reducirten Vocale ganz so wie er zu fassen, in dem er alle (kurzen) Vocale in unaccentuirten Sylben als solche bezeichnet. Laws Engl. orth. pron. p. 85.

bezeichnen will, muss ich entweder einfach den Vocal schreiben, oder ihm das Reductionszeichen mitgeben, oder ihn ganz fortlassen.

3. Das Trennungszeichen und die Diphthonge.

Wenn ich zwei Vocale einfach hinter einander schreibe, so sollen sie stets diphthongisch mit einander verbunden werden, und zwar so eng, wie dies nur in der Möglichkeit des Lesers liegt. Soll jeder Vocal einzeln gehört werden, und zwar so, dass die Stimme dazwischen aussetzt, so muss dies durch das Zeichen des Kehlkopfverschlusses ʿ angezeigt werden. Sollen dagegen beide Vocale einzeln gehört werden, ohne dass die Stimme dazwischen aussetzt, wie z. B. im Italienischen *paura*, so wende ich hiefür ein eigenes Zeichen, einen Kreis im oberen Raume (˚), an, welches ich Trennungszeichen nenne und schreibe ʿa̧.a˚r,ʿb.a [1]).

Es ist hier der Ort, darauf aufmerksam zu machen, wie sich zwei Vocale diphthongisch mit einander verbinden lassen, und welches die akustischen Effecte sind, die dabei zum Vorschein kommen. Diphthong im physiologischen Sinne des Wortes ist jeder Laut, der durch die Resonanz der Stimme entsteht, während man mit näherungsweise gleichförmiger Geschwindigkeit aus einer Vocalstellung in eine andere übergeht, gleichviel welches der akustische Effect ist, der dadurch hervorgerufen wird, und diese Definition vom Wesen des Diphthongs wollen wir auch hier beibehalten.

Gehen wir aus der Stellung der Vocale, bei denen der Mundcanal weiter ist, in die Stellung für Vocale über, bei denen der Mundcanal enger ist, so erhalten wir im Allgemeinen leicht Diphthonge, die sofort vom Ohre als solche erkannt werden, wie die Diphthonge *ai*, *au*, *aü*, *oi* (in englisch *oil*), *ui* (in deutsch *pfui*). Machen wir aber mit unseren Mundtheilen den umgekehrten Weg, so fallen für unser Ohr die Vocale entweder aus einander, oder es mischt sich dem ersten derselben, dem, der die engere Mundstellung verlangt,

[1]) Wenn im Context ein Wort auf einen Vocal auslautet und das nächstfolgende mit einem Vocal anlautet und beide in der Umschrift getrennt erscheinen, so ist der Zwischenraum ein Äquivalent für das Trennungszeichen, aber nicht ein Äquivalent für das Hamze. Der Kehlkopfverschluss des vocalischen Anlautes wird, wie ich schon früher bemerkte, wo er vorhanden ist, auch jedesmal geschrieben werden.

ein consonantisches Element bei. Das ist offenbar der innere Grund der Erscheinung, dass *w* und *y* im Englischen (und ganz ähnlich و und ى im Arabischen) bald als Vocale, bald als Consonanten auftreten, und ich habe desshalb auch in meinen Grundzügen die Laute, die englisch *w* und englisch *y* in Verbindung mit Vocalen weiterer Öffnung, wie z. B. in *water, yonder* etc., annehmen, als Verbindungen eines Voca's mit einem Consonanten geschildert.

Ich glaube aber, dass es hier bei der phonetischen Transscription, wenn es sich wesentlich nur darum handelt, durch die Zeichen dem Leser solche Vorschriften zu geben, dass er die Laute richtig hervorbringen muss, in ähnlichen Fällen schon genügen wird, die Vocale *u* und *i* (aber wohlverstanden im Anlaute ohne vorhergehendes Hamze) mit den Vocalen weiterer Öffnung einfach hinter einander zu schreiben und dadurch dem Leser anzuzeigen, dass er sie nach Kräften diphthongisch mit einander zu verbinden habe[1]). Durch das Bestreben, die beiden Laute nicht aus einander fallen zu lassen, wird er schon so viel vom ʿו und vom ןו hervorbringen, wie der Mund eines grossen Theils, namentlich der eleganten Welt Englands der Aussprache von *water, yonder* etc. mitgibt, während das niedere Volk, so weit ich aus der Erinnerung an die Aussprache englischer Matrosen urtheilen kann, das consonantische Element stärker hervortreten lässt. Selbstverständlich darf das Schreiben der Consonanten nicht unterlassen werden, da wo dem *w* ein U-Laut, dem *y* ein J-Laut folgt, wie in *wool*, und *year*, denn hier fehlt eben die diphthongische Wendung, welche uns unwillkürlich das consonantische Element erzeugen lässt.

Einer besonderen Erwähnung verdienen noch diejenigen Diphthonge, deren Elemente in meinem Vocalschema nicht wie *a* und *u*, *i* und *o* eine ganze Dimension des Dreiecks von einander entfernt sind, indem es oft schwierig ist, dieselben auf ihre wahren Elemente zurückzuführen.

Ein solcher Diphthong, nämlich או, erscheint im Plattdeutschen, z. B. in ʹdאו *zu*. Die Gebildeten, wenn sie plattdeutsch sprechen, substituiren demselben ein ו und sprechen ʹdו: sie nennen die bäuerische Aussprache ʹdאו breit, und wenn sie sie nachahmen

[1]) Vergl. auch R. L. Tafel Invest. into the laws of English orthography and pronuntiation. Cap. III.

wollen, so sprechen sie in der Regel [illegible]; der wahre Lautwerth dieses Diphthongs aber ist [illegible].

Ein ähnlicher Diphthong mit ähnlich schwankender Aussprache scheint im Persischen zu existiren. *Chodzko* transscribirt (*Grammaire Persanne* Paris 1852, p. 7) die Wörter موج, زوج und قول als *móoudj zóoudj* und *qóoul* und erklärt das *óou* für einen Diphthong, den man etwa erhalte, wenn man rasch *beau ou laid* oder *ô oublieux* ausspreche. Dieselben Wörter aber habe ich zu wiederholten Malen und ganz deutlich von Herrn Dr. Polak als, [illegible], [illegible] und [illegible] gehört.

Einen anderen Laut der zu dieser Kategorie von Diphthongen mit, wenn ich mich so ausdrücken darf, kürzerer Spannweite gehört, findet man am Niederrhein. Hier hört man die Anwohner desselben von ihrem Lande als vom [illegible] nicht vom [illegible] reden.

Es würde sich die Zahl dieser Beispiele noch vergrössern lassen und man wird deren um so mehr finden, je mehr man auf die Eigenthümlichkeiten der einzelnen Dialekte eingeht.

Es kann bisweilen schwierig sein, zu entscheiden, ob man das Trennungszeichen setzen soll oder nicht, denn es existirt keine feste Grenze zwischen einem Diphthong und zwei Vocalen, die zwar einzeln kenntlich gemacht werden, zwischen denen aber der Ton der Stimme doch nicht aussetzt, sondern *uno tenore* ausgehalten wird. Der Unterschied liegt hier nur in der Continuität oder Discontinuität der Bewegung der Mundtheile. Ruhen dieselben in der Stellung für den ersten Vocal bis derselbe deutlich vernehmbar ertönt, gehen dann plötzlich in die für den zweiten über und ruhen wieder in der so gewonnenen neuen Stellung, so haben wir beide Vocale getrennt neben einander und nichts von einem Diphthong. Beginnen wir dagegen ohne in der Stellung für den ersten Vocal zu ruhen sofort mit der Bewegung, führen dieselben gleichmässig fort und gönnen uns auch in der Stellung für den zweiten Vocal keinerlei Ruhe, sondern brechen entweder ab oder gehen in einen anderen Laut über, so entsteht der reine Diphthong. Der erstere Fall ist durch *paura* [illegible] der zweite durch *haus* [illegible] charakterisirt. Es kann nun aber auch vorkommen, dass die Bewegung träge genug beginnt, um den ersten Vocal als solchen kenntlich zu machen, dann sich etwas beschleunigt, aber doch immer noch allmählich, nicht durch einen plötzlichen Ruck, den Übergang zum zweiten vermittelt, und sich gegen das Ende dieses Überganges wieder verlangsamt. Dann fallen zwar Anfangs- und Endvocale als verschiedene Laute in's Ohr, aber der erstere ist an den letzteren oder, wenn man will, der letztere an den ersteren diphthongisch angelehnt. Ein Beispiel wird dies leicht deutlich machen. Ich habe z. B. auszusprechen, أَلرَّاوِى, so würde dies syllabirt und in lateinische Lettern umgeschrieben geben *ar-rā-uī*. Diese Umschrift würde aber eine sehr unrichtige Vorstellung von der wahren Aussprache geben. Auf diese wird man geführt, wenn man sich denkt, man solle *arraui* aussprechen, dabei aber den Diphthong *au* in seinem ersten Theile auf eine Zeitdauer hinausdehnen, welche die des *au* in *haus*, *maus* etc. merklich übertrifft. Man thue dies durch denselben Kunstgriff, den man beim Singen verwendet, um die Diphthonge zu verlängern, d. h. man beginne den Übergang aus der Vocalstellung *a* in die Vocalstellung *u* ganz langsam und beschleunige die Bewegung erst im Verlaufe; aber nicht so, dass der Diphthong dadurch zerstört wird und die beiden Laute aus einander fallen. Dann gehe man in der Stellung *u* angelangt gleichfalls continuirlich in die Stellung *i* über, in der man zur Ruhe gelangt. So entsteht zwischen dem Ende des Diphthongs *au* und dem Anfange des *i* wiederum eine Art diphthongischer Verbindung, wenn auch eine weniger feste. Ich werde diese Zwittergebilde zwischen Diphthongen und getrennten Vocalen, die ich Halbdiphthonge nennen will, dadurch bezeichnen, dass ich das Trennungszeichen nicht in den oberen, sondern in den unteren Raum setze und ‿̧, ‿´, ‿, ‿̀, transscribire. Fällt auf einen Halbdiphthong ein Accent, der sich nicht auch noch auf den folgenden Consonanten erstreckt, so werde ich ihn der Natur der Dinge gemäss, dem Vocal beigeben, der durch den stärkeren Exspirationsdruck ausgezeichnet wird. Wenn man also die Halbdiphthonge, wie dies von den Grammatikern wohl bei den meisten geschieht, als einsylbig betrachtet; so würde auch hier das Accentzeichen nicht nothwendig mit dem Sylbenende zusammenfallen. Es kann dadurch aber kein Missverständniss entstehen, indem die Art der Vocalverbindung ausdrücklich signalisirt ist. Trifft der Accent auf den ersten Vocal, so schreibe ich erst das Accentzeichen, dann das Zeichen für den Halbdiphthong.

Mit Hilfe der vorbeschriebenen Symbole glaube ich meinen Zwecken innerhalb der Grenzen, welche ich mir gesteckt habe, genügen zu können, und führe sie im Folgenden dem Leser der besseren Übersicht halber noch einmal im Zusammenhange vor.

Übersicht über die Zeichen.

‘ Labiale Articulation.

ˌ Zitterlaut des Kehlkopfes.

’ Labiodentale Articulation.

‹ Verschluss des Kehlkopfes.

ˆ Alveolare Articulation.

ˇ Kehlkopfstellung für das *Ain* der Araber.

ʅ Cerebrale Articulation in der ersten Stelle, in der zweiten Stelle Zeichen für den Verschlusslaut.

ɂ Zitterlaut.

ʂ Dorsale Articulation.

ʃ Verengte aber nicht tönende Stimmritze.

ı Dentale Articulation.

ɩ Vertiefter Klang der Stimme.

ɼ Articulation des Zungenrückens mit dem mittleren Theile des harten Gaumens.

ꞁ Weit offene Stimmritze.

ɾ Articulation des Zungenrückens mit dem hinteren Theile des harten Gaumens.

l Verhärteter Klang der Stimme.

ɼ Articulation des Zungenrückens mit dem weichen Gaumen.

ɉ Kehlkopfstellung beim ح der Araber.

ɩ Reibungsgeräusch.

ɭ L-Laut.

ɩ Resonant.

ˊ Hauptaccent.

ˏ Längenzeichen.

ˋ Accent zweiter Ordnung.

ˎ Reductionszeichen.

˘ Trennungszeichen.

ˬ Zeichen für die Halbdiphthonge.

Für die Vocale dienen die folgenden einzelnen Typen:

Sie geben folgende Vocalzeichen:

Reine und vollkommen gebildete Vocale.

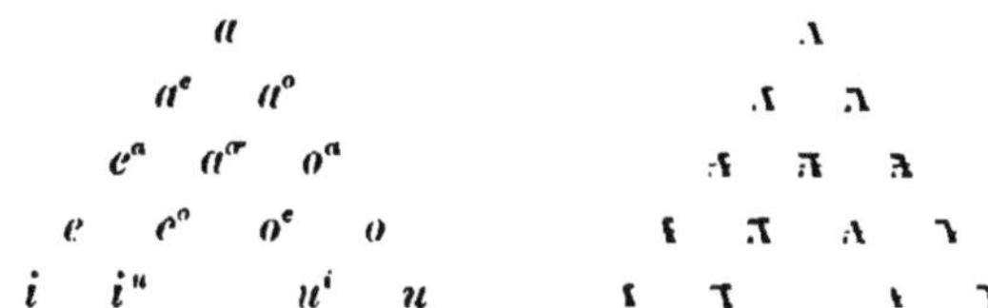

Unvollkommen gebildete Vocale. Nasalirte Vocale.

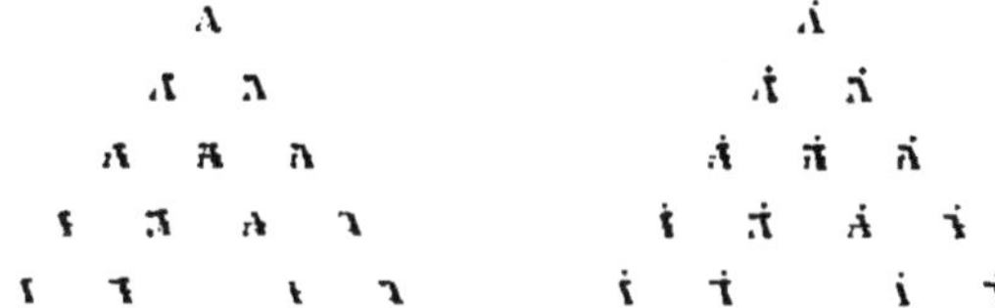

Unvollkommen gebildete und zugleich nasalirte Vocale.

ı bezeichnet den unbestimmten Vocal — ı̇ den unbestimmten Vocal nasalirt.

Die Transscriptionsproben.

In den folgenden Blättern biete ich dem Leser eine Reihe von Beispielen der Anwendung meiner Schrift. Ich habe keine Vollständigkeit in Rücksicht auf die wichtigeren Sprachen des Erdballs zu erreichen gesucht, sondern lediglich diejenigen ausgewählt, für welche sich mir verlässliche Gewährsmänner (deren Namen ich jedesmal der Transscriptionsprobe hinzugefügt habe) darboten. Ich habe dieselben stets gebeten bei der Auswahl des zu schreibenden auf den Sinn gar keine Rücksicht zu nehmen, sondern nur dafür zu sorgen, dass diejenigen Laute, welche als eigenthümlich für die

Sprache oder als besonders schwierig, oder als sonst wie bemerkenswerth gelten, darin vorkommen. Ich habe mich meinerseits immer bemüht, mich ihrer Aussprache so eng als möglich anzupassen. Selbst da, wo ich mich in bewusstem Widerspruch mit Regeln der Lexikographen oder Grammatiker befunden, bin ich der directen Wahrnehmung gefolgt, wenn ich bei wiederholter Nachfrage stets denselben Laut vernahm.

Ich glaubte dies thun zu müssen, weil es nicht mein Zweck war, die von den Orthoëpisten festgestellten Regeln praktisch zu demonstriren, sondern nur zu zeigen, wie ich mich meiner Schrift bediene, um einer bestimmten Aussprache Laut für Laut nachzugehen. Mit einer Anzahl der fremden Sprachen, von denen Proben vorliegen, habe ich mich mehr oder weniger beschäftigt, theils indem ich sie für den gewöhnlichen Verkehr erlernte, theils indem ich mich für den speciellen Zweck meiner phonetischen Studien mit ihrer Grammatik bekannt machte. Bei anderen war dies nicht der Fall und ich habe hier nur über einzelne Laute, die mir als besonders schwierig bezeichnet wurden, nähere Auskunft gesucht, wie ich mich denn namentlich in Rücksicht auf die slavischen Sprachen vielfältig des Rathes des Herrn Professor Miklosich erfreut habe. Diejenigen Sprachproben, bei denen mir die Grammatik so fremd war, wie das Lexikon, werde ich je mit einem Stern bezeichnen. Ich muss mit ihnen auf eine Linie auch das Neugriechische stellen, denn obgleich es uns in der Schrift leicht verständlich ist, so unterscheidet sich doch unsere Schulaussprache des Altgriechischen bekanntlich so sehr von der Neugriechischen, dass sie uns in Rücksicht auf die letztere mehr beirrt als fördert. Da ich mich auf Gebiete gewagt habe, auf denen ich keinen anderen Leitfaden hatte als meine augenblicklichen Gehörsempfindungen; so mache ich mir auch keine Illusionen über die Correctheit der von mir gegebenen Proben, und wünsche nur dass sie von gründlichen Kennern der bezüglichen Sprachen bald besser und in grösserer Ausdehnung gegeben werden. Wer mit meiner Schrift transscribirt, ist wie ein Mosaikarbeiter, der zwischen seinen bunten Steinen sitzt und ein Gemälde nachbildet. Je länger er arbeitet, je mehr er sich in sein Original vertieft hat, und je besser er unter seinen Steinen Bescheid weiss, um stets den rechten Stein an den rechten Ort setzen zu können, um so ähnlicher wird sein Mosaik dem Gemälde werden. Ich bitte desshalb den Leser sich nicht durch diesen oder jenen Verstoss an der Brauchbarkeit meiner Schrift irre machen zu lassen, sondern lieber zu versuchen, ob er ihn nicht mit meinen eigenen Hilfsmitteln verbessern kann. Andererseits bitte ich ihn aber auch, nicht jede anscheinende Inconsequenz und nicht jede Abweichung von den Regeln ohne weiters als einen Fehler anzusehen. Bei der Armuth der conventionellen Alphabete geschieht es nur zu häufig, dass ein und dasselbe Zeichen in verschiedenen Wörtern verschiedenen Lauten entspricht, und manche dieser Fälle haben so wenig die Aufmerksamkeit auf sich gezogen, dass man sie weder in Grammatiken noch in Wörterbüchern verzeichnet findet. In solchen Fällen konnte ich mich natürlich nicht nach den Regeln halten, gleichviel ob ich sie kannte oder nicht. Ich musste der Aussprache, wie sie war, folgen. Je vorurtheilsfreier man die Aussprache verschiedener Individuen aus verschiedenen Gegenden analysirt und transscribirt, um so sicherer und vollständiger wird man die Lautlehre einer Sprache aufbauen.

Ich beginne die Reihenfolge der Proben mit dem Deutschen und zwar mit den Anfangsversen eines Rückert'schen Gedichtes, in denen das Metrum dafür sorgt, dass jeder Sylbe ihr volles Recht werde; dann folgt im Gegensatze dazu ein Passus aus Holberg's eilftem Juni übersetzt von Prutz, in welchem ich alle Abkürzungen und Verschleifungen wieder gegeben habe, die man sich in der gewöhnlichen Rede erlaubt, von denen ein Theil aber auch für den Dialog geradezu geboten ist, weil ohne dieselben die Aussprache etwas Gezwungenes erhält, was man nur an Ausländern und an Menschen, die mehr Bildung affectiren, als sie besitzen, zu hören gewohnt ist.

Hochdeutsch.

Hoffe! Du erlebst es noch,
Dass der Frühling wiederkehrt.
Hoffen alle Bäume doch,
Die des Herbstes Wind verheert,
Hoffen mit der stillen Kraft
Ihrer Knospen winterlang,
Bis sich wieder regt der Saft,
Und ein neues Grün entsprang.

Ach, ich bin kein starker Baum,
Der ein Sommertausend lebt,
Nach verträumtem Wintertraum
Neue Lenzgedichte webt.
Ach, ich bin die Blume nur,
Die des Maies Kuss geweckt,
Und von der nicht bleibt die Spur,
Wie das weisse Grab sie deckt.

Rückert.

Na, da sollt Ihr schön Dank haben, Herr Visitator, dass Ihr mir nicht auch noch in die Hosentaschen gefühlt habt! Das sind ja eigene Kerle hier, die gehen ja mit den Menschen um, wie mit dem Vieh. Wär' ich in die Stadt gekommen, um mich zu verheirathen, so möchte es noch angehen, da könnt ich denken, sie hätten sich versehen und mich für ein Thier mit Hörnern gehalten.

Holberg's 11. Juni. Übersetzt von Prutz.

Niederösterreichische Mundart.

— 's geht nix übá d'Östreichá-Sprach'; für koan Geld gáb' ih s'her; nermbst hat in seiná Red' goar so viel G'fühl; ih moan', wann ih im Fegfeuá wár', und ruafát' má-r Oaná á Wirt'l Östreichisch zua, ih foahrát' oan's Geh'n's in'n Himel auffi.

Johann Gabriel Seidl.

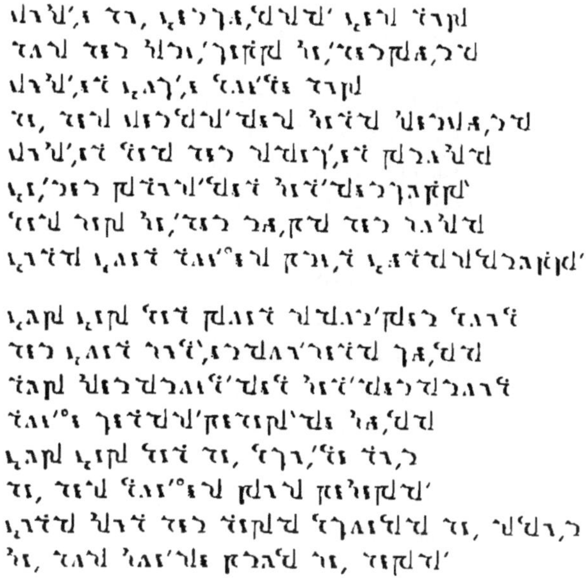

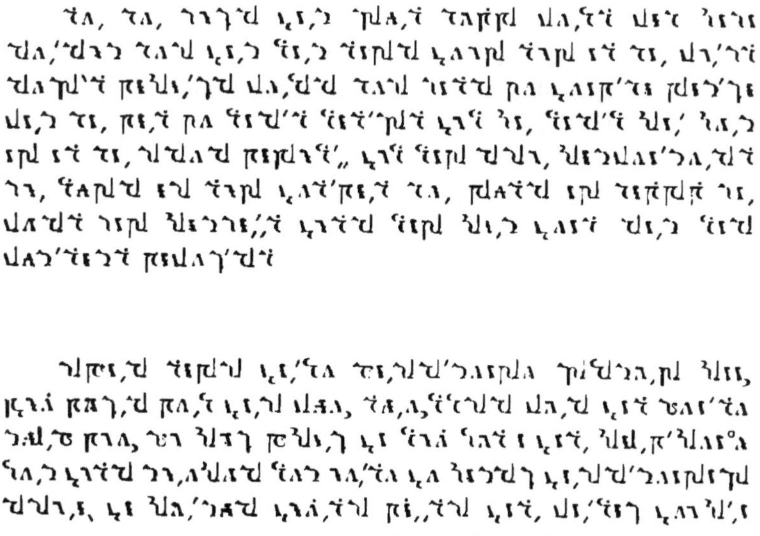

Aussprache von Herrn J. G. Seidl.

Ditmarschisch Platt.

Dagdeef.

Dör Busch un Brok to snekeln
Mi in de Sünn to rekeln
Dat sünd min besten Tög;
Un maak de Blöm to dangeln
Un oppen Knüll to rangeln
Dat is min gröttste Hög.

Klaus Groth.

Pommersch Platt.

Dei Kluk mit Ahnten.

Kratzefoot hett Unglük hatt
Arme Fru wo geiht di dat?
Ja, dat nenn ik angeführt,
Niederträchtich schikanirt!
Hest so lang das Nest nu hött
Un doch niks as Elend brött.
All as Ei üm Ei terbrök,
Wüst du nich wat mit die sprök,
Dat klung jo heil wunnerlich!
Nee! So piept keen Küken nich;
Dei sünd nich ut diene Maak
Nee, dat is keen Kükensprak.
Doch wat kreegst Du ierst tau sehn!
Wat en Snabel, Flücht un Been,
Mang dei Tehnen wat för Huut!
So süht jo keen Küken ut!
Ach sei dehrn Di, ihr Du't raken
Tau'ne Ahnteumutte maken etc.

(En poa Blomen un Annmarick Schulten ehren Goahren, von A. W., herausgegeben von Fritz Reuter. Greifswald und Leipzig 1858.)

* Schwedisch.

Anfang der Frithiofs Sage von Esaias Tegnér.

Der växte uti Hildings gård
Två plantor under fostrarns vård
Ej Norden förr sett två så sköna
De växte herrligt i det gröna.

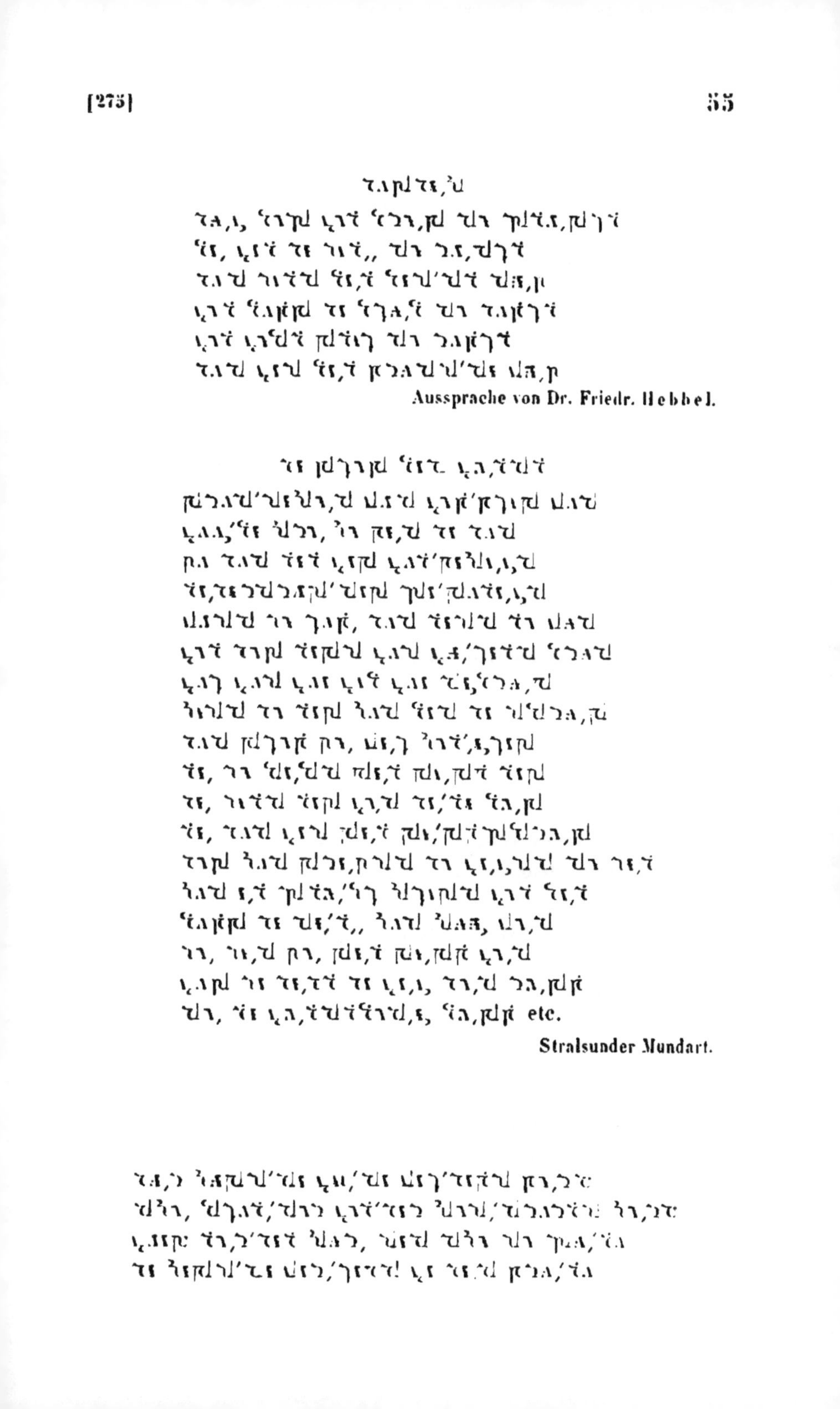

Aussprache von Dr. Friedr. Hebbel.

etc.

Stralsunder Mundart.

Den ena som en ek sköt fram
Och som en lans är hennes stam
Men kronan, som i vinden skälfver
Liksom en hjelm sin rundel hvälfer.

Den andra växte som en ros
När vintern nyss har flytt sin kos
Men våren som den rosen gömmer
I knoppen ligger än och drömmer.

* Norwegisch (Sprichwörter).

Det er ikke alt Guld, som glimrer.

Mit Fædreland det er min Fryd.

Med Lov man Land skal bygge.

* Dänisch.

Morgenstund har Guld i Mund.

Jeg giver Dig en god Dag.

Som man raaber i Skoven, faar men Svar.

* Isländisch.

Orð, að, með, eða, fjörður, Guðný, síðara, aðrar, öðrum, þriðja, hundrað, það.

þau, þó, þú, því, þröstur, þrjótur, afþekja.
Segja, ögra, fagra, lög.
Ljósavatn.

Englisch.

Many reasons make it impossible for us to lay before our readers at the present moment a complete view of the character and public career of the late Lord Holland. But we feel that we have already deferred too long the duty of paying some tribute to his memory.

Macaulay.

[illegible]

Aussprache von Dr. Biörnström aus Upsala.

[illegible]

Aussprache von Dr. Ousum aus Christiania.

[illegible]

Aussprache von Dr. Reisz aus Kopenhagen.

[illegible]

Aussprache von Dr. Preyer.

[illegible]

Aussprache von Dr. Preyer.

Französisch.

Je le suis à la verité; et j'admire, madame, comme le ciel a pu former deux ames aussi semblables en tout que les nôtres, deux ames en qui l'on ait vu une plus grande conformité des sentiments, qui aient fait éclater dans le même temps une résolution à braver les traits de l'amour.

Molière.

Italienisch.

L' intelligènte agricoltóre separa le frutta buòne dalle mézze.

Il manzo che ti dièdi a pranzo èra eccellènte.

* Romänisch (Zeitungsnachricht).

Varietati.

Autorulu telegramului, despre strapunerea Dlui Sipotariu d' in Doboc'a la Dè'és, ca d' in pedépsa pentru aperarea diplomei, s'a luatu sub cercetare criminale, pentru acésta scornitura.

* Serbisch.

Боже мили, чуда великога.
Кадъ се Ђорђе на оружѣ диже.
Са помоћи Бога истинога
И светога студеничкогъ краљ.
Да растера турке зулумћаре.
Да одбрани Срба одъ цвилења.

* Neuslovenisch.

Mlad ribič cele noči vesla,
Visoko na nebi zvezda miglja,
Nevarne mu kaže pota morja.
Več let mu žarki zvezde lepe
Ljubezen sijejo v mlado srcé,
Mu v prsih budijo čiste želje etc.

Franz Prešern.

Aussprache von Herrn Fuchs.

Aussprache von Prof. Mussafia.

Aussprache von Herrn Prunkul aus der Moldau.

Aussprache von Alex. Spasić aus Semendria in Serbien.

Aussprache von Prof. Miklosich.

* Böhmisch (Sprichwörter).

Mnoho křiku, málo vlny.
Štěstí nechodí po horách, ale po lidech.
Co je s šeptem, bývá s čertem.
Kuj železo, dokud je horké.

* Polnisch.

Niewyraźność obrazu tworzącego się na siatkówce w takim razie, gdy oko nie jest należycie zastósowane do odległości przedmiotu w tém ma swoją przyczynę.

Prof. Majer.

* Russisch.

Что ты жадно глядишь на дорогу
Въ сторонѣ отъ веселыхъ подругъ?
Знать, забило сердечко тревогу —
Все лицо твое вспыхнуло вдругъ etc.

Nekrassoff.

* Ungarisch.

Ha csak az érdemli neve ünnepeltetését, tisztelt hallgatoim, ki gyõzödelmekkel védte meg hazáját, ki ennek szabadságát törvényekkel, fényét a müvészet remekeivel, jólétét az ipar munkáival alapította meg vagy emelte: vagy ki a szellem országában új hóditásokat tett, s emlékezetét elme halhatatlan müveivel örökítette: ugy az a férfiú, kiről ma kivánok szólani, e tisztességre és Önök részvevő figyelmére számot nem tarthat.

Toldy Ferencz.

* Finnisch.

Anfang des ersten Gesanges aus dem National-Epos „Kalevala“.

Mieleni minun tekevi,
Aivoni ajattelevi.
Mieli ruveta runoille,
Laatiu'a laulamahan;

Aussprache von Herrn Eduard Albert aus Senftenberg in Böhmen.

Aussprache von Dr. Rydel aus Strzelce wielkie in Galizien.

Aussprache von Dr. Krassilnikoff.

Aussprache von Herrn J. Siklósy aus Somogy.

Sanat suussani sulavat,
Kielelleni kerkiävät.
Hampahilleni hajovat.
Veli kulta, veikkoseni,
Kaunis kieli-kumppalini.
Harvoin yhtehen yhymme,
Saanemme sanelemahan,
Näillä raukoilla rajoilla,
Poloisilla pohjan-mailla etc.

Neugriechisch.

ΠΡΟΣ ΤΟΝ ΑΘΩ.

Ὦ Γίγα μαρμαρόγλυφε, τὸ ὕψος σου θαυμάζω.
Καὶ βλέπων σε, τὴν δεξιὰν τοῦ πλάστου σου δοξάζω.

Ὑψοῦσαι εἰς τὸν οὐρανὸν τοὺς ὤμους σου στηρίζεις.
Πατεῖς, ὑπὸ τοὺς πόδας σου τὰ Τάρταρα βυθίζεις.
Ἀστεροπὸν διάδημα τὴν κορυφήν σου στέφει.
Τὰ δάση ἔχεις ζώνην σου καὶ κόμην σου τὰ νέφη.
Ἡ ἀστραπὴ τὸ βλέμμα σου, ὁ χείμαῤῥος φωνή σου.
Καὶ ὁ ἀνεμοστρόβιλος ἡ βροντερὰ πνοή σου.
Κατακλυσμὸς δὲν ἔλουσε ποτὲ τὸ μέτωπόν σου.
Ἡ θάλασσ' ἕρπει καὶ φιλεῖ τὰς ἄκρας τῶν ποδῶν σου.

P. Sutsos.

Arabisch.

Anfang der zweiten Sure des Koran.

(Nach Art der Koranleser.)

الٓمٓ ذَٰلِكَ ٱلْكِتَابُ لَا رَيْبَ فِيهِ هُدًى لِلْمُتَّقِينَ

ٱلَّذِينَ يُؤْمِنُونَ بِٱلْغَيْبِ وَيُقِيمُونَ ٱلصَّلَوٰةَ وَمِمَّا رَزَقْنَاهُمْ يُنْفِقُونَ

Aussprache von Dr. K. Collan aus Helsingfors.

Aussprache von Dr. Alexandrides aus Kandia.

Aussprache von Prof. Hassan.

Vulgärarabisch.

Aus den Phrases in Caussin de Perceval's Gramm. Arabe vulg.

سلام عليك

وعليك السلام

الله يصبحكم بالخير

اهلاً وسهلاً

وانت طيب

الحمد لله على العافيه

تفضل كل معنا

Persisch.

Aus den Gesprächen in der Grammatik des Mirza Mohammed Ibrahim, übersetzt und mit Anmerkungen versehen von H. L. Fleischer, Leipzig 1847.

ا

من اَزْ آنْ اَسْبِ كَهَرْ خَيْلى خوشَمْ مى آيَدْ شُما چه ميكوئيد

ب

خوب اسيسْت اَما مَنْ آنْ كُرَن را بِهْتَرْ مى پَسَنْدَم چَنْد تا نشان بِسْيارْ خوبَ دارَدْ

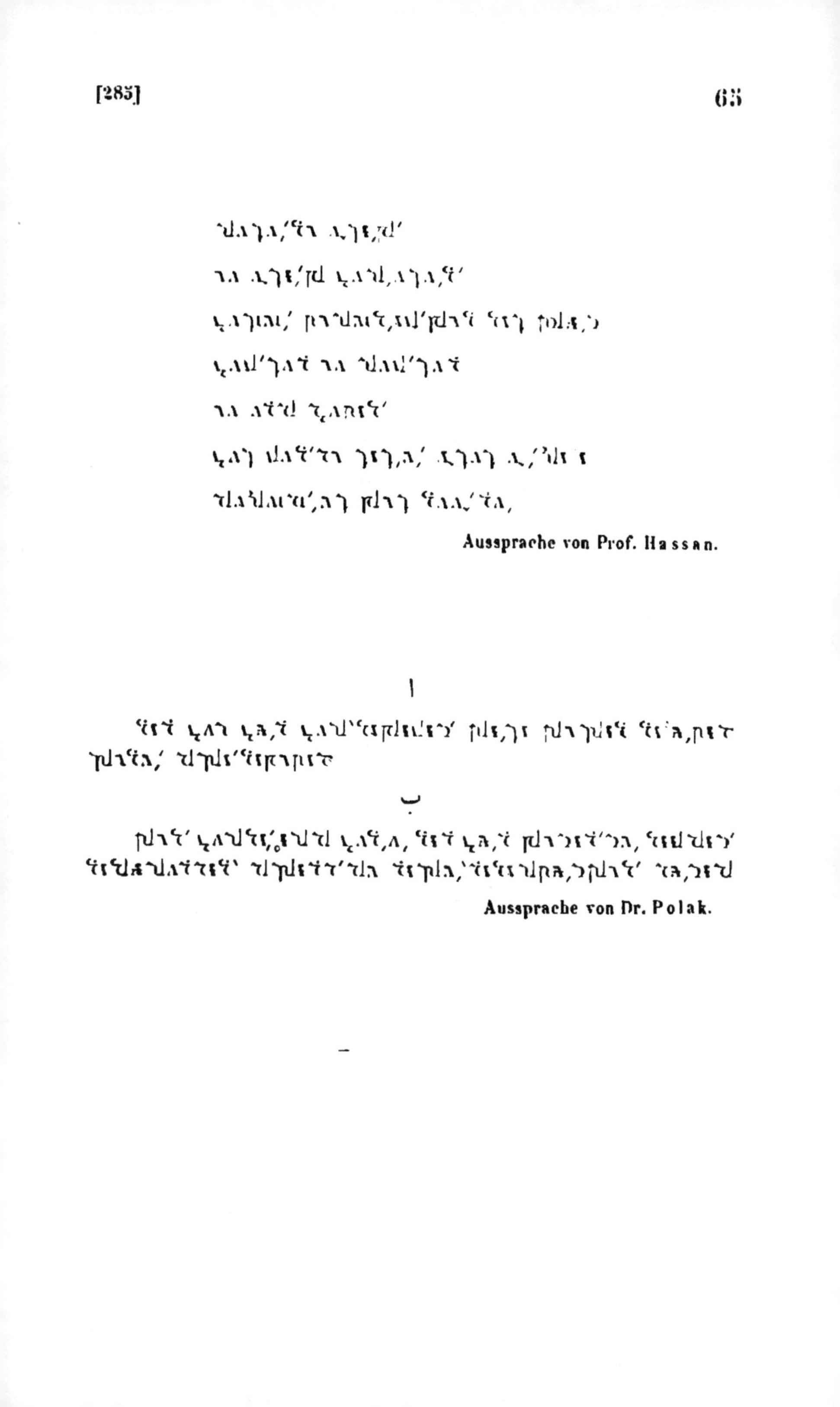

[illegible]
[illegible]
[illegible]
[illegible]
[illegible]
[illegible]
[illegible]

Aussprache von Prof. Hassan.

ا

[illegible]
[illegible]

ب

[illegible]
[illegible]

Aussprache von Dr. Polak.

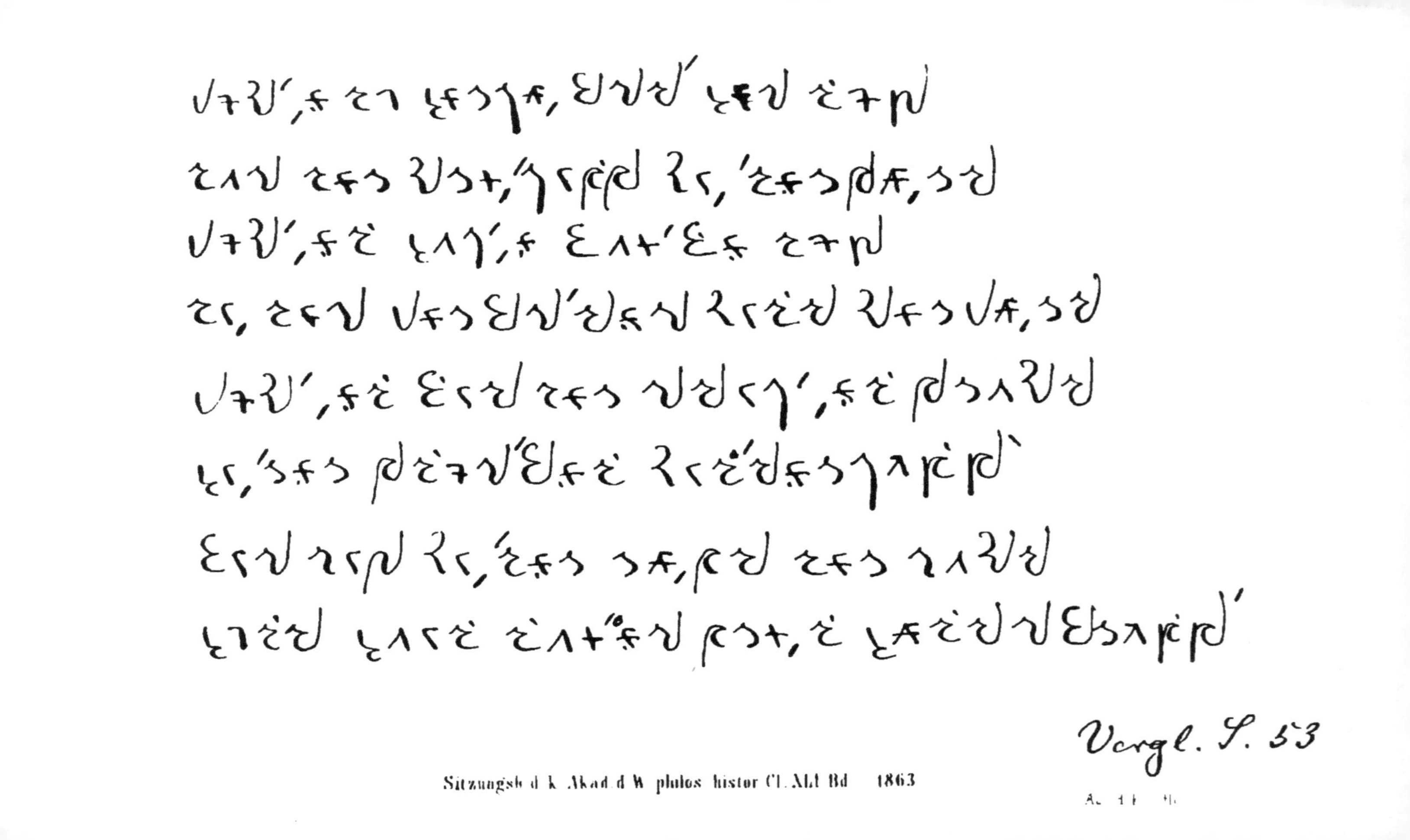

Vergl. S. 53